事情沒有那麼糟

給不小心就想太多的你的**情緒療癒指南**

凱瑟琳・史密斯博士——著
Kathleen Smith, PhD, LPC
林靜華——譯

Everything Isn't Terrible

獻給雅各——我在區別中的夥伴

目次
Contents

前言

我們確實生活在焦慮的時代。「美國精神醫學會」（American Psychiatric Association）在最近的一次民意調查報告中指出，大多數美國人為他們的安全、健康、財務狀況、人際關係——當然還有政治——而感到焦慮。我們在**臉書**上論戰，我們逃避感恩節團聚，或者我們不採取任何行動，卻希望有更冷靜的人來解決全球問題。我們陷入高度警戒狀態，停止觀察事實，開始憑感覺來評估情勢。我們作出情緒性的反應，而不是採取實際行動，然後冷靜下來。

我的生活與工作地點都在華盛頓特區，一個也許堪稱美國最焦慮的城市——我在那裡擔任心理治療醫師。我有許多客戶希望在我們充滿焦慮的世界中成為冷靜與智慧的明燈；有些客戶則只希望可以安然度過每一天，不去怪罪他們的岳母，或者追蹤他們的前任伴侶在**Instagram**上發布的文章。他們重度依賴他人的鼓勵，其中一些人擔心他們的人際關係脆弱，或者想方設法迴避讓他們焦慮的同事；還有一些人則對我們國家目前的超級大災難感到不知所措。這些事聽起來都很耳熟，對吧？

總之，我們都只想要長久的、扭轉生命的改變，我們都希望過一種讓原則來引導自己的生活，而不是處於恐懼或憂慮中。在內心深處，我們確實有能力讓自己冷靜，我們可以關閉自己的自動反應並掌握主控權。選擇如何管理我們的焦慮，就是選擇我們自己的命運。現在，就讓我來告訴你一個改變我生命的理論。

什麼是「包溫理論」？

每一位治療師都有一套引導他們與客戶合作的理論，而引導我的是一種名為「包溫理論」（Bowen Theory）的人類行為理論。莫瑞・包溫（Murray Bowen）是一位精神科醫師，也是家庭心理治療之父。他和我一樣來自田納西州。我喜歡他以精采、通俗的方式描述人際關係。傳統的心理治療師都把重點放在個人身上，但包溫博士認為，當我們審視我們的關係體系時，我們才能學會冷靜下來。因為當我們感到焦慮時，我們往往試圖改變別人、試圖讓其他人都平靜下來，最終我們才能感到放鬆。但是，如果你能在這些人際關係中先管好你自己，那麼你的家庭、工作，甚至更廣大的世界就會先一步稍稍平靜下來。

包溫博士教導我們，如果焦慮是在我們的人際關係中產生的，那麼焦慮也可以在人際關係中解決。因此，長久的改變不會在孤立狀態下發生，甚至不會在治療師的沙發上發生。當我們願意在最困難的關係中努力成為最好的自己時，一切自然會改變。我知道這聽起來刺耳而且困難，但是，它真的能影響你！如果一個人能在他焦慮的家庭、他焦慮的社群，以及他焦慮的世界中學會獨立思考與行動，那麼他的自我意識就不會如此依賴他人的配合。

我很樂意你把我視為天才，但本書中許多理念其實都直接來自包溫理論。你不需要成為理論專家也可以閱讀這本書，但是如果你有興趣想多了解一些，我在本書最後的〈附錄〉中提供了一些基本定義與參考資料，那可以協助你展開學習。

好吧，但我如何冷靜下來？

本書的每一章，都將專門探討一種可能在生活中使你陷入困境的焦慮。我們將探討你焦慮的自我、你的人際關係、你的職業，以及更廣大的世界。我會利用我治療工作中發生的案例，協助你進一步了解怎麼樣才能建立更堅強的自我，並減少整體焦慮。為了保護我的客戶隱私，他們的姓名與身分資料都已經過變造。每一個案例都是許多面臨相似挑戰的人的複合體，你也許會在這許多人當中看到你自己，當然我也不例外。

建立一個堅實的、有原則的自我，是一個複雜且終其一生的過程。為了避免讓你感到不知所措，我會在整本書中使用三個動詞：**觀察**（observing）、**評估**（evaluating），以及**阻斷**（interrupting）你的焦慮運作。

首先，你必須開始觀察。在你能改變你的焦慮行為之前，你必須知道它們是什麼。當你在觀察自己時，你已在利用你的一部分大腦協助自己冷靜下來。本書的大部分內容都在說明伴隨焦慮而產生的常見行為，這樣你就可以成為一個辨識焦慮的專家。

其次，你必須評估你的行為。你必須審視你如何處理你的焦慮，並且問你自己：「我真的想成為這種人嗎？」我會談到如何過一種以思維與原則來引導自己的生活，而不是驚慌失措的生活。

第三，你必須阻斷你的自動反應。一旦觀察到你的自動行為，並確定你真的想要以什麼方式生活後，你必須開始找機會阻斷你的自動反應。這意味著你會有某種程度的不舒服，因為任何時候做一件你通常不會做的事都會有點不舒服，或者很不舒服。

努力建立一個更堅實的自我之後，人們往往會說，他們以前的生活與現在的生活有如天壤之別。現在他們花更少的精力去尋求認可，並且有更多的精力去實現他們的目標。他們的情緒症狀與生理症狀減少了，他們的人際關係更脆弱，並且焦慮也減少了。

有些人也許會辯稱，在我們的世界如此紛亂之際，專注自我是自私的。但我認為真正的問題是，我們沒有足夠的「自我」去因應我們所面對的挑戰。最冷靜的人會脫穎而出成為改革創新的人，那是因為他們了解，在當今世界的焦慮方程式中，「你」是你唯一可以操縱的變數。

透過建立一個更堅實的自我，你或許可以幫助你的家庭、你的社群，以及整個世界冷靜下來，而那是一股相當強大的影響力。

第一篇

你的焦慮的自我

第一章

專注你自己

他一生都把目光投向未來，投向地平線。他的心從不關注他身在何方。嗯？他在做什麼？

——尤達，《星際大戰五部曲：帝國大反擊》

蕎丹第一次來找我諮商時，大部分時間都在述說她的前男友凱爾的事。凱爾曾有事情漸趨嚴重時就驚慌失措的紀錄：他害怕親密關係，因為他與他的父母關係不穩定；他曾利用蕎丹幫他找工作來對抗他的抑鬱症，但找到工作之後很快就把她甩了；蕎丹和凱爾已不再是一對戀人，但他們仍然和同一群朋友在一起，兩人偶爾也會有性行為。她告訴我，她會追蹤凱爾的 Venmo 行動支付紀錄，看他買了什麼「蠢」東西送給別的女人；她知道他的電子信箱密碼，會登入他的信箱偷看他的約會應用程式通知。蕎丹曾有一次在盛怒之下，在 Instagram 上封鎖凱爾，但她的朋友卻把他張貼在 Instagram 上一張他和一群二十二歲年輕少女聚會的照片轉傳給她。「老實說，我為他感到尷尬。」她說。

你聽了也許會想笑，但我不會在這裡率先發難。我們都會以這種或那種方式行事，就和蕎丹一樣。是人就會去關注另一個人，尤其是在浪漫關係中。當蕎丹對我詳述凱爾的一切時，我發現我對眼前這位女性與她前男友無關的事一無所知。她的心完全鎖定在凱爾身上，我可以感受到她散發出的焦慮。

對任何心理治療師而言，協助一個人開始專注在他自己是第一個，也是最嚴峻的挑戰。諷刺的是，許多人認為心理治療是一種自私的做法，但事實上，這裡面很少有**自我**。很多人一進門就拚命抱怨他們的伴侶、他們的父母，或他們的老闆。他們知道他們焦慮，但他們不明白自己將注意力聚焦在他人身上——我稱之為「專注他人」（other-focus）——會更助長他們的焦慮。因此，冷靜下來的第一步就是開始觀察、反思你自己，看你的焦慮是如何運作的。這聽起來很容易，但事實不然。

什麼是焦慮？

蕎丹超級專注在凱爾身上一點也不奇怪，因為專注他人的習慣有生物學依據。當我們感受到威脅時，我們必須應對這個威脅，這是最簡單也是最好的焦慮的定義：焦慮是你對一個真實的或想像的威脅的反應。

我們的焦慮有一個非常重要的目的，因為生而為人的核心目標很簡單，就是盡可能不死。

有人也許會稱之為……**生存**，但你在追求生存之際，這個世界還有大量的東西在威脅你，好比熊、地震、墨西哥辣椒醬，還有凱爾。幸運的是，進化為人類提供一種從可怕的事物中存活的方式。

你可以：

1. **對抗**可怕的事物。
2. **逃離**可怕的事物。
3. **靜止不動**，躲開可怕的事物。
4. 為別人**擔憂**可怕的事物。

大多數生物都具備上述一部分——或全部——面對危險時的預設反應，但我們人類比較特殊，我們不但能感知危險，我們還能**想像**潛在的危險。你的狗不會擔心你明天是否餵牠吃東西，牠只想知道你現在會不會把手上那一小塊起司吃掉。我們感知危險的能力有助於我們生存與發展，但是和任何超級強權一樣，它也會引發許多問題，導致我們過度擔憂假設性的威脅而忽視了眼前的現實問題。

由於每個人都有不同的基因、家庭，和經歷，我們對假想中的威脅的敏感度也不相同。

我們可以把它想像成一個預設的警報系統，有些人的警報系統很容易被觸發，其他人則不會。你的警報系統也許只有在發生真正的火災時才會啟動，但我的警報系統會在我的炸雞塊只是微焦時便鈴聲大作。

我們的警報還可能隨著我們遭遇的實際威脅而增強，譬如當你看到一隻熊後，你會比平常沒有熊的星期二更焦慮（你也許不知道，但我真的非常擔心熊）。當你的警鈴大作時，你完全沒有時間自我省思，因為如果你被一頭熊追趕時停下來自我省思，那你就完蛋了。你知道這隻熊是造成你痛苦的原因，所以你必須盡快逃離牠。然而，大多數的人際關係比這更複雜，當我們越是感受到威脅時，就越會將同樣的因果思維應用在我們的人際關係上，我們的大腦就會轉向同樣困擾蕎丹的狹隘視野。我們希望有一個人是那隻熊，於是我們就把他們看成熊。為了保護自己，我們投入大量的精力，成為某個我們無法掌握的人——亦即這個世界上的許多凱爾——的專家。

當今世界大部分地區都陷入專注他人的困境中。我們對很多事情感到恐懼，所以我們會看到很多隻熊——共和黨人、民主黨人、家庭成員、和我們意見不合的人、外表看起來和我們不一樣的人，難怪所有一切都讓人感到糟透了。

「為什麼」的麻煩

當有人叫你專注於你自己時，你可能會覺得對方在逃避責任。你也許會想：「有些人不是很可怕嗎？凱爾在這個不良的關係中不是也有一部分責任嗎？」他當然有責任，因為只要是人就有責任。但是當蕎丹為他們的關係狀態感到焦慮時，她只看到凱爾那個部分。蕎丹知道凱爾的行為是這個問題的一部分，因此她把他標記為問題的**原因**。她把凱爾視為那個必須改變的人，這樣她才能從窺探他的電子郵件的焦慮中解脫。她把注意力焦點放在凱爾身上，卻忘了她自己是媒介。

使我們墮入專注他人的陷阱的方式有很多。當我們很希望某個人喜歡我們，或者我們為我們所愛的人操心時，我們會看不到自己。當有人和我們意見不合或傷害我們時，我們會嘗試以改變對方或歸咎對方來使自己冷靜下來。

專注他人可能會有這些情況：

- 給他們過多的建議。
- 試圖激勵他們。

- 為他們操心。
- 抱怨他們。
- 在社交媒體上追蹤他們。
- 猜測他們在想什麼。
- 設法避開他們。
- 為他們做他們可以自己做的事情。

人類最終會有這種因果思維，是因為當我們焦慮時，我們的預設程式是提出「為什麼？」的問題。問「為什麼」便隱含其中必有過失，因為它很便利地給我們一個可以歸咎的人或事。蕎丹問她自己：「為什麼我這麼不快樂？」而且，她對這個問題有一個明確的答案：「因為凱爾是個蠢蛋。」問題是凱爾沒有坐在這裡接受心理治療，接受治療的是蕎丹，而蕎丹是這個功能失調的大方程式中唯一她可以改變的因素。為了協助蕎丹專注於她自己，我只問了她一些不是以「為什麼」為開頭的問題。

我：什麼時候凱爾會讓妳感到焦慮？

蕎丹：當他不回我的簡訊時。

我：他不回簡訊時妳怎麼辦？

蕎丹：我拚命打電話給他，或打電話請朋友查看他的 Instagram。

我：這樣做有效嗎？

蕎丹：抨擊他的時候感覺很爽快，但是當我沒有得到我想要的結果時感覺很差，我會覺得更焦慮。

我：有什麼能夠讓妳更有效地冷靜下來的方法？妳有什麼想法嗎？

蕎丹：我也許可以不要太常查看我的手機，或者也許可以試著做幾個深呼吸來取代。

幾個星期過去了，我一直嘗試讓蕎丹專注在她想如何回應她與凱爾的情況。有時她會稍稍專注自我，但她的注意力總是又回到她的前男友身上。她嘗試要凱爾不要在他們兩人相處時談論別的女人；她嘗試說服凱爾他們需要一起接受諮商來處理他們的關係——她為凱爾為何太不成熟，而且永遠不會改變而作種種假設。蕎丹花了太多精力試著管理凱爾的情緒、思想及行為，兩人爭吵之後唯一能讓她冷靜下來的是接到凱爾的道歉簡訊，難怪她會如此疲憊和焦慮。她忘記除了凱爾之外，還有一個人能夠讓她冷靜下來，那就是她自己！

經過一段時間之後，蕎丹的注意力開始逐漸轉向自己。她開始注意到她的人際關係是一條雙向道，她的壓力程度會影響她的日常運作和成熟度：她觀察到當她的老闆心情不好時她上班會遲到；她發現當她喝酒時，她比較會跟她的母親在電話中吵架。當她注意到自己在每一種重要關係中扮演的角色後，她準備為她的運作負責，因為責任就是回應的能力。蕎丹可以看出，如果她學會在她的人際關係中專心做好她自己，很多問題就會消弭於無形。

一個人能多快做到專注自我取決於幾件事：一個是他們的自我意識的強度。我們會在後面幾章中談到更多這個概念，但它的理論是我們都有不同程度的專注他人的傾向。第二個變數是存在多少壓力。你也許可以在輕微的挑戰事件中保持專注自我，但如果壓力越來越大，即使大多數成熟的人也很難不轉向專注於責怪（blame-focused）的思維，而去問「為什麼？」

讓我們來練習！

增強專注自己的能力的一個方法是：練習將專注他人的問題，翻轉為專注自我（self-focused）的問題。你可以把它想像成點擊你手機上的照相機圖示，將它轉換成自拍模式。以下是幾個例子：

專注他人：我為什麼這麼焦慮？

專注自我：我如何管理我的焦慮，效果如何？

專注他人：為什麼我的家人不了解我？

專注自我：我在我的家人不成熟的運作中，扮演什麼角色？

專注他人：為什麼他們讓我做那麼多工作？

專注自我：我要為別人做什麼，他們才可能自己去做？

專注他人：我的配偶真的適合我嗎？

專注自我：我要怎麼樣才能成為我的婚姻中的理想配偶？

專注他人：為什麼美國會有如此超級大的災難？

專注自我：身為公民，我在這個超級大災難中的責任是什麼？

當你在一個關係或一個問題中開始專注你自己時，有趣的事發生了——你會開始冷靜下來！這是因為你專注在一個你可以掌握的事物上：你自己。

我的辦公室成為蕎丹可以稍稍冷靜、開始多觀察思考她自己的焦慮如何運作的地方。一段時間之後她終於想通了，她密切關注凱爾，反而使他更亟於離開她。蕎丹於是將注意力焦點從凱爾身上轉移到開始關注她的友誼、健康，以及工作目標。她開始發現，她的幸福也許**無須**取決於凱爾的行為。換句話說，她冷靜下來了。結果你猜發生什麼事？是的，他們復合了。但現在蕎丹知道她的新挑戰是持續在她與凱爾交往的關係中，對她自己和她的焦慮負責。

我不知道這兩個人後來的結果如何，因為人們通常在事情平靜下來後便停止接受心理諮商，但我希望蕎丹能設法在她很想專注凱爾時仍繼續觀察、思考她自己。人們在關係中，或者在沒有關係的情況下，都可以成長並保持平靜。但我仍然為蕎丹加油，因為我知道嘗到一點自己的生存能力的滋味是什麼感覺。我希望她持續發現，專注她自己會使她的人際關係減少一點焦慮。

你的問題

觀察

- 我在哪些人際關係中傾向專注於責怪他人？

- 什麼時候我會嘗試以改變他人來處理我自己的焦慮？
- 當我專注他人時，我會有哪些情緒與生理症狀？

評估

- 我專注於他人和我想成為的最好的自我有什麼衝突？
- 當我傾向責怪他人時，我最好的自我會怎麼做？
- 在這些情況下，我會想記住什麼智慧？

阻斷

- 我即將有什麼機會來練習專注自我？
- 我怎麼樣才能避免專注他人，並藉此管理自己的焦慮？
- 哪些人和資源可以幫助我更專注自我？

你的練習

在接下來的二十四小時內，每當你發現自己在焦慮地關注另一個人時，立即將它記錄下來。譬如，當你重要的另一半把碗盤放進洗碗機的方式錯誤，或有人在社群媒體上發布一些言論激怒了你。任何時候，當你想去管另一個人的思想、情緒或行為時，你就是在專注他人，即使那是一個陌生人或社會名流。在一天結束時，為清單上記錄的每一個名字鼓勵你自己，也不要為名單有多麼長而自責。改變最重要的就是要注意！你越是注意，就越可能記住必須對你自己保持專注。

第二章

思維與感覺

事實是頑固的東西，無論是我們的願望、意向，或驅使我們的熱情，都不能改變事實與證據。

——約翰・亞當斯（John Adams）

莫妮卡的上一個治療師已經放棄她了，至少，這是莫妮卡的感覺。雖然事實上是她搬家了，但這是一種感覺問題，感覺向來對事實敏感。當莫妮卡來見我時，她很快便知道，比起聽她談感覺，我更想聽她談事實，因為莫妮卡家庭的事很耐人尋味。莫妮卡就讀大學時，她的父親染上賭癮，她的母親受不了便向外尋求支持，結果發生了幾次婚外情。事情曝光後，她的家庭在劇烈的情緒衝擊下破裂，莫妮卡的哥哥站在她母親那一邊，她則站在她父親那邊。

和其他家人切割之後，莫妮卡的父親緊緊抓住她尋求情感上的支持，如果她和站在她母親那邊的任何家人交談，他就指責她背叛。他拒絕解決他的賭博問題，債務以每小時的速度快速累積。事情相當緊張，因為莫妮卡的家人沒有太多情緒上的切割，他們也許停止互相交談，但如果你無法忍受和某個人待在同一間房間內，那麼你在情緒上就無法與他們完全分離。

包溫博士提出這樣的理念：人們與他們家人的情緒分離程度各不相同。他用一個詞來定義這種分離：區別（differentiation），或稱分化。更有區別的人可以和一群焦慮的人保持密切聯繫，但同時又保有他們自己的思維與行動能力。沒有人能把這個做到極致，但有些人比其他人更能區別。區別水平低的人很難將他們的思維與情緒分開，他們也很難分辨他們的思維與感覺和別人的思維與感覺之間的差異。

莫妮卡的家庭中沒有人能像一個個體那樣獨立思考，沒有人能像對待一個個體那樣對待其他任何人。他們與父母離婚時各自支持的那一方聯繫，每個人都為自己的不快樂而責怪他人。莫妮卡很難對她的家族史保持客觀。在她母親不忠這件事上，她深受她父親的思維與感覺影響，以致她接納它們成為她自己的思維與感覺。她的父親如果不喜歡某個人，她就認為他們是有毒的。她的母親成為她家庭故事中的大壞蛋，是那個危險問題「為什麼？」的答案。

目標是「區別」

這種將你的思維與感覺和他人的思維與感覺分開的能力，對冷靜下來解決事情至關重要。試想，如果你打911，接線生也跟著你恐慌起來，那麼他們不可能對事情有太大的幫助。如果人人接受其他人的思想，那麼我們仍然會認為你有可能在航海時從地球的邊緣掉下去。人類的自我思考能力確實改變了世界。

「區別」就是能夠：

1. 將思維與感覺分開。
2. 將你的思維與感覺和他人的思維與感覺分開。

莫妮卡很難區別思維與感覺之間，以及現實與焦慮的狹隘視角之間的差異。她以為斷絕聯繫她就逃離了她的家庭，但她無法做到與她家人的情緒切割，這也反映在她與同事和朋友的交往上。當她感覺到某個人不高興時，她的情緒會影響她的思維，這使莫妮卡很難與現實和事實保持連結。如果她的老闆不高興，那就是她的錯；如果朋友心煩意亂，那他們肯定會結束他們與她的友誼。即使是在良好的情況下，這還是超級高的風險感。

莫妮卡知道避免焦慮的唯一方法，是使她周圍的每個人都滿意。她用盡全力使她的朋友和同事都喜歡她；她會在電話中聽她父親連續講幾個鐘頭的話；她在凌晨兩點回覆電子郵件來討好她的老闆；她總是去她男友的住處，這樣他就不必大老遠穿過城鎮來看她。她成為一個以解讀面部表情和語調來偵測別人是否快樂的專家，當她的內在警鈴大作時，她會盡全力去取悅或逃避他人。莫妮卡沒有多餘的精力照顧她自己，或者為她自己的目標而努力。

如果一個人能分辨他們自己的思維與情緒，那麼其他人的焦慮就比較不會感染到他們。有區別的人能自我導向，但同時即使在事情緊張的時候，又能參與親密的關係。

那麼，你如何達到你的區別水平呢？答案是專注你自己。想知道你的思維與感覺之間的差異，你必須多認識一點你自己的感覺，因為那些小丑片刻都不會離開你。

”和你的焦慮做朋友

我們的社會對待焦慮就像對待一顆腫瘤一樣，我們想切割它、餓死它，或縮小它，直到它消失。在接受治療時，人們希望以他們的焦慮程度來評估他們的進步。我目睹他們打擊自己，因為他們在分手、死亡，或他們的班機連續六次被取消之後感到焦慮。但在當今世界，我們知道有多少壓力事件不是我們能控制的。你的焦慮是人生旅途中的一個同伴，所以你最好認識這個惱人的搭檔。

我喜歡把我的焦慮想像成煙霧警報器，它雖然令人心煩，但是很重要。煙霧警報器是在保護我，讓我遠離危險。有時它會在我做飯時鈴聲大作，但實際上沒有真正的危險。當警鈴響起時，我不會大呼小叫衝出屋外，我不會用掃帚把它打死，我只會看看四周是否真的有火，如果沒有，我就重新設定警報器。我了解我的煙霧警報器如此敏感是為了保護我，它是我的朋友，而且或許有一天它真的可以拯救我的性命。

我們的警報系統敏感度會根據我們在關係中的經驗而變化，尤其是我們的家人。很多人的大腦都安裝了敏感的警報系統，這和我們的區別水平有密切關係。有時你的焦慮會在沒有火的時候大叫「**失火了！**」；會在你收到被動性攻擊簡訊時大叫「**危險！**」。但它不像你的廚房警報器，你可能很難記住你的焦慮是個敏感的系統，久而久之，你越是感知假想的威脅，你越是會有慢性焦慮。莫妮卡每次接到她老闆通知開會的電子郵件時，她的警報器就會觸發。客觀上，她知道她的工作沒有危險，但情緒上，她知道這跟全體員工有關。她會把小事想像成人事，表現出彷彿火燒房子般地打擊自己，卻又為自己保持高度警戒而感到羞愧。因此我們談到保持好奇心有助於她區別，從而減輕這種慢性焦慮。

然而，更有區別並不表示你變成一個機器人。區別水平較高的人仍然會感到焦慮，只是他們能以減緩焦慮升高來壓制。他們更能夠分辨什麼是真正的威脅，什麼是想像的威脅，而且他們能關掉他們的自動反應，掌握控制系統。更有區別的人也更會對他們的情緒抱持懷疑的態度。我們的焦慮通常像一個潦草的新聞編輯，想得到最快的獨家新聞和最多的點擊次數。它會逮住當下發生在你身上的事，然後編造可怕的、引誘人點擊閱讀的新聞標題。

經驗：你去赴約時發現你被放鴿子。

焦慮標題：你會在十隻貓的陪伴下孤零零地死去！

經驗：你的老闆寄給你一封令人困惑的電子郵件。

焦慮標題：明天被解雇後如何在街頭生存？

經驗：你聽到你的公寓內有奇怪的聲響。

焦慮標題：你拿這支捲髮鉗足夠捍衛自己嗎？

經驗：你傳送簡訊給一個新朋友。

焦慮標題：恭喜你榮登《時代雜誌》年度最煩人的人！

你可以看出這些標題都很吸引人，但是都沒有確切的事實根據。你的焦慮就像一個福斯新聞網記者，但你腦中的思維是那個冷靜的全國公共廣播電台的播報員，他也許還沒有發現一條令人激動的新聞，但他仍在報導事實。因此，當你想冷靜下來時，問自己：「這裡面的真實故事是什麼？」然後讓你內在的妮娜・托騰貝格（Nina Totenberg，美國全國公共廣播電台法務記者）告訴你出了什麼事。

這裡還有其他一些常見的焦慮謊言：

- 這架飛機一定會墜毀。
- 這個人發現你很煩。
- 你的社群媒體上的每一個人都比你強。
- 你肯定會被炒魷魚。
- 沒有人了解你。
- 浴簾後面有個殺人兇手！

- 沒有人會雇用你。
- 你不討人喜歡。

焦慮會用**「決不」**、**「沒有人」**、**「肯定」**、**「足以」**、**「應該」**、**「總是」**這些字眼，它鼓勵你採取「全有或全無」的生活態度，它甚至不希望你做任何有一點點風險的事。那麼，你如何重新掌握並引導你自己的人生？當你的感覺在主導一切時，你如何運用你的思維？

反應與回應

為了平靜下來，莫妮卡不得不開始專注於她自己，而不是專注其他任何人。我鼓勵她開始注意她的焦慮警報器如何影響她的日常生活。經過一些觀察之後，莫妮卡告訴我一件她最近遇到的有關她與男友的事。他發簡訊給她，說他被鎖在他的公寓外面。莫妮卡有備用鑰匙，但她剛洗完澡，正開始為自己準備晚餐。她可以感覺到他語氣中的焦慮，因為被鎖在屋外是相當惱人的事。莫妮卡無法區別她男友的焦慮與真實情況，便火速飛奔過去。她的頭髮還是濕的，晚餐還沒吃，而且她的大衣也不夠暖和。當她在他的公寓附近的一間酒吧與他會面時，她發現他已經冷靜下來了。「妳不必急著趕來，」他說，「妳的頭髮都結冰了！」

由於對男友的焦慮過度敏感，莫妮卡無法停下來思考他完全可以自己過來找她拿鑰匙。警報響了，她的反應像一個真正的消防員，但事實上根本沒有火！

我們有許多人都擅長假裝我們不是焦慮的人。我們通常不會一拳打在人家的臉上，或在電話中大吼大叫，我們通常準時上班和繳稅。我們比較像一個敏感的神經質，接受太多挑戰，或者只是希望別人喜歡我們。但這種神經質是要付出代價的。警報響了，結果我們是「反應」（reacting），而不是「回應」（responding）。「反應」是你的焦慮的回應，而你的焦慮希望你快速而舒適地行動，即使它不是一個成熟的行為也一樣；「回應」看起來像經過思考，並成為你想成為的那種人。讓我們來看幾個人們如何反應或回應的例子：

反應（感覺）可能像這樣：

- 晚上十點回覆不緊急的電子郵件。
- 怕被拒絕而不冒險。
- 設定不可能做到的截止日期。
- 過度通融他人。
- 承擔沒有利益或價值的責任。

- 查看社群媒體，看人們是否喜歡你發布的文章。

回應（思維）看起來像這樣：

- 分享你的想法，不專注他人的反應。
- 了解被拒絕是易於處理和不可避免的。
- 設定切合實際的截止日期。
- 對那些和你的價值觀與興趣不一致的任務說不。
- 克制自己，不去管他人的情緒或行為。

這兩張清單的差異，也就是區別水平低的人和區別水平高的人的差異。你不妨大膽猜測，哪個人能完成更多工作和更能夠管理焦慮？再看看第一張清單，注意那個反應型的人如何專注他人。當我們是反應型的人時，我們會試圖解讀人們的心：**他們喜歡我的想法嗎？他們會認為我太遲鈍嗎？我應該再寄一封更好的電子郵件嗎？**當你試圖解讀某個人的心時，你可能會作最壞的假設，你可能會讓你的焦慮主宰你的反應。

以一連串焦慮的反應過生活會令人疲憊不堪。當我們試圖美化自己和被愛而不可避免地感到不知所措時，我們會使用咖啡因、酒精、食物、電視、逛街購物、更多的成就和其他人，讓自己平靜下來。大部分時候，人們可以靠這種運作方式度過難關，但第二波巨大的壓力衝擊，如死亡、分手、失業或生病來襲時，我們的自我感就會像脆弱的結構一樣崩潰。

崩潰後，大多數人會去接受心理治療。在「十二步驟（療癒）族群」（twelve-step groups）中，這被稱為第一步驟：「我們承認我們對______無能為力，我們的生活變得難以管理。」

這個空格要填上你在管理你的焦慮時所做的任何事。我們都會沉迷於某種讓自己平靜下來的方法，無論它是讚美、保持忙碌，或酗酒。但它的第一個步驟是，人們承認他們用來鎮定自己的習慣性方法不管用。

對我們許多人而言，這個空格是愛和他人的認同。包溫博士挑戰這樣的說法——接受治療的人是因為他們覺得沒有人愛他們，以及他們需要更多的愛。他不認同，他認為他們是「沉迷」於愛。這並不是說他們的父母不夠愛他們，而是他們的家庭沒有做到情緒分離。而且，一旦染上任何成癮，再多的物質也無法解決問題，它只能暫時使事情平息，就像沉迷於不斷更新**推特**上的貼文，或再點一杯雞尾酒。

和莫妮卡一樣，許多人最終接受治療以尋求確信與認可。我謹記包溫博士的教言，盡可能不要立刻承擔這個責任。莫妮卡必須學會自己冷靜，我不能代替她。當她哭泣時，我不會安慰她一切將會好轉；當她堅稱她不知道該怎麼辦時，我不會提供她解決辦法。相反地，我盡量傳達我有興趣聽她的想法。有一次，當她抽出第十張面紙時，我望著她，說：「我真的很好奇妳會如何解決這個問題。」她看得出我一直跟著她在湊熱鬧，但發號施令的是她。她的想法若沒有比我的想法更有價值的話，至少也跟我的想法一樣重要。結果你知道發生了什麼事？她也對她自己感興趣了。她沒有打擊自己，而是對她自己的行為與焦慮感到好奇。她將她的觀察寫在一本日記內，總是迫不及待和我分享。她是基於一個研究者的好奇心態，而不是以一個批評者的不贊同心態在感知她的生活。

我真心相信，焦慮的對立面是好奇。如果我能對我的諮商對象保持好奇，他們通常會做得更好。如果我立刻試著為客戶解決事情，我就是在傳達他們沒有能力自己解決問題、他們的想法沒有用、他們應該借用我的方法的訊息。如果我更關心於要讓一切平靜下來，而不是讓一個人為他自己負責，我就是反應而不是回應，而且我會變成像莫妮卡一樣，試圖讓每個人都滿意。

以好奇心取代內疚或羞愧後，莫妮卡開始注意什麼時候她會立刻採取焦慮的行動。於是，為了不忘記放慢腳步與思考，她在她的臥室內掛了一個巨大的牌子，上面寫著：「沒有火災！」這個牌子讓她覺得好笑，而笑有時是焦慮最好的解藥。漸漸地，她取回主控權。當她的老闆寄一封含負面回饋的電子郵件給她時，她仍然會哭泣，但她選擇出去跑步，而不是對另一個同事抱怨；當她與她的哥哥再度聯絡時，她的父親非常憤怒，但她開始相信她的父親是錯的，她的家人中沒有壞人；當她的一個朋友對她說話不客氣時，她的心跳會急速加快，但她會深呼吸並堅持她的立場，而不是發二十通道歉的簡訊給對方。

莫妮卡開始嘗到成為一個更有區別的人——或者所謂的「做自己」——的滋味。她學會進步不是沒有焦慮，而是有能力選擇如何回應焦慮，並且在面對焦慮時能成熟應對。莫妮卡正在選擇她想要的生活，而且她選擇一種不僅可以在失望、分歧，甚至失敗中存活，並且可以在它們當中茁壯成長的生活。

你的問題

觀察

- 什麼時候我很難梳理我的思維和我的情緒？
- 在什麼關係中我很難區別我的思維和他人的思維？
- 什麼時候我的焦慮會感知到不存在的危險？

評估

- 回應想像中的危險會對我的生活產生什麼負面的影響？
- 在焦慮的情況下，我希望有什麼經過思考的回應？
- 當我想反應而不是回應時，我希望記住什麼智慧？

阻斷

- 我如何才能忍受不舒服，不讓我的自動反應機制管理我的焦慮？
- 我要如何努力做到區別思維與情緒？
- 我需要找出什麼經驗或什麼人來致力於區別？

你的練習

和你的焦慮做朋友，這意味著要留意它會告訴你的古怪的事。試著為你的焦慮取個名字（我的焦慮名叫卡爾），然後以你的焦慮的立場寫一封信給你，例如：「親愛的凱瑟琳，我是妳的焦慮，讓我告訴妳今天可能會出差錯的所有事情！」閱讀信上的內容，然後用你最好的思維，專注在事實上，冷靜地回信。當你和你的焦慮成為筆友時，你也許會發現你的焦慮只是一個緊張兮兮的朋友，它是真心為你的利益著想，但那並不表示你應該每次都聽它的話。

第三章

你的偽自我

我需要被喜歡嗎？絕對不需要。我喜歡被喜歡，我享受被喜歡，我必須被喜歡，但它不是強迫式的需要被喜歡，像我需要被讚美那樣。

——麥可・史考特（Michael Scott），美國電視影集《辦公室》（*The Office*）

也許你一直在閱讀這本書，而且到目前為止，你一直在想：「我沉著、冷靜，凱瑟琳，我很能區別，我的焦慮沒有主導一切。」那好，**請坐，孩子**，因為我們即將看清事實。在這一章中，我們要討論我們假裝沒事的所有方式，因為有時候我們很擅長散發一種虛假的平靜，它甚至能愚弄我們自己。

唐納．川普當選總統後，亞當開始接受治療。這倒不是因為他和華盛頓特區大多數人一樣對川普感到不滿，而是政黨輪替之後他失去了他的工作。亞當二十五歲，他在年輕時迷上電視影集《白宮風雲》之後選擇了從政生涯。他就讀最好的學校，迅速找到幾個吸引人的實習機會，然後在歐巴馬政府內部找到一個令人滿意的工作。但是他在二〇一七年新總統就職當天不得不離職時，他的成功列車脫軌了。幾個月後他仍然失業，每天早晨都要經過一番掙扎才能起床。他一週大概只洗兩次澡，而且他只有在伴侶陪在他身邊的日子裡，才會覺得好過一點。亞當很消沉，似乎找不到繼續求職的動機。

任何人遇到失業前的亞當，都會看到一個令人印象深刻、情緒成熟的年輕人，一個能在壓力之下保持冷靜與思考的人。那麼，為何他會落得被焦慮淹沒，坐在沙發上，身上沾滿多力多滋的碎屑？

讓我們回到區別的概念。當包溫博士在思考什麼東西有助於一些人比其他人更有區別時，他發現你不能從一個人的外在表現來判定他們。人們似乎有兩個自我在影響他們的運作：一個是由這個人的真實信念、價值觀與才能組成的「堅實的自我」（solid-self）；另一個是虛假的「偽自我」（pseudo-self），是這個人可以商量的部分。偽自我容易受到人際關係壓力的影響，而你如何行動取決於誰在房間內。也許你在工作上是一個能幹的領導者，但是當你的兄弟姐妹在你旁邊時，你就成了一個臭小子。這個偽自我同時也可以使我們似乎比真實的自我更有區別。它可以假裝成熟、有實力，甚至平靜。

亞當的日常運作與心情，因為他的成功和他在白宮任職的身分地位而得到提升。他家鄉的人把他當作搖滾明星一樣看待、他的父母喜歡吹噓他的成就，他的一切頭銜、人們的關注——我所謂的「偽自我助推器」——使他保持平靜與能幹。但是當這一切都離他而去時，他的運作立刻急轉直下。

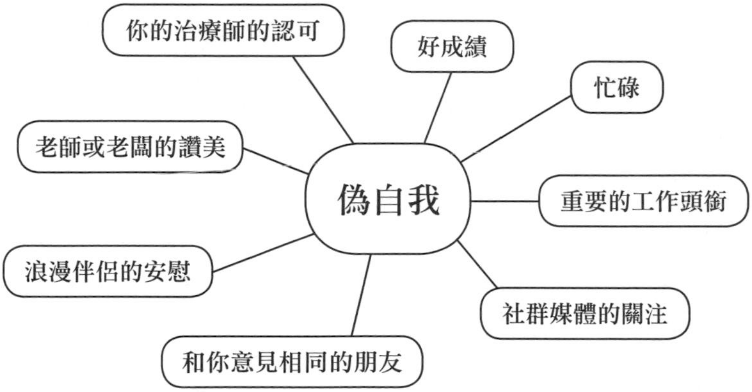
你的治療師的認可
好成績
忙碌
老師或老闆的讚美
偽自我
重要的工作頭銜
浪漫伴侶的安慰
社群媒體的關注
和你意見相同的朋友

偽自我助推器

❞ 偽自我助推器

當我們以「偽自我助推器」來定義自己時，我們會把大量的權力交到他人手上。只有人類才會在獲得升遷或通過測試時感覺良好，但這些東西不一定能建立更堅實的自我感。它們可以降低焦慮，但那只是暫時的，最終我們會越來越需要它們，彷彿它們是一種藥物，因此我將這種依賴他人的自我稱為「借用自我」（Borrowing self）。當我們無法自己生起信心與平靜時，我們會迅速從周遭人身上借用它們。

任何關係中都有一定量的「借」與「貸」的自我，我們從別人那裡借來平靜或能力，我們也同樣將平靜或能力借給他們。但借太多會使我們容易受焦慮、抑鬱，及其他症狀的影響，當我們把提高自身運作的權力交給他人時，我們同時也把自己像充氣城堡般洩氣的權力交給他人。

我們很容易認為有高度專業或教育成就的人，會有較高的區別水平。但如同亞當一樣，許多高成就者的心情會在有無讚美或肯定的情況下，如同雲霄飛車般快速攀升或遽降。一個被老闆欣賞的人可能在他們的職業生涯中一飛沖天，但是當老闆離開之後，他們就變得一蹶不振；一個人可能在他們的配偶離開後，他們的整個自我定義就此消失無蹤；一個成績最好的學生可能在畢業之後發現他們始終沒有培養自我導向的能力。我們將這麼多的自我價值，交給我們無法控制的變數來決定。

人們常因為讓他們的偽自我支配一切，痛苦不堪而來接受治療，只要發生任何變化或一個充滿壓力的事件，任何支撐他們的自我價值感的東西就消失了。他們發現他們沒有能力平靜下來，或相信他們自己的想法。雖然迅速衝出去找一個光鮮亮麗的新人或成就讓自己感覺更好或許很吸引人，但這正是致力於建立自我思考的能力，成為更有區別的人的完美時機。

我和亞當合作時，我們討論到他用什麼外在的變數來激發他的運作。亞當看到他如何利用他的伴侶的正能量來獲得虛假的力量；他利用他的職務頭銜和別人的認可來獲得虛假的重要地位。當這一切都失去時，他開始用電視和大麻來緩解焦慮，但這只會使他更沮喪，他希望有更好的應對方式。亞當知道他的偽自我是脆弱的，現在他想建立一個更堅實的自我。

和亞當一樣，我們都有不同的方法去處理被拒絕、失望與失敗帶來的恐懼。對許多人而言，特別是成就卓越的人，我們遵循社會敍述的成功定義，導致我們被焦慮束縛。當我們在偽自我中運作時，我們的信念是可以商榷的，因此我們會傾向從我們周遭的文化採納它們。在美國社會中，最常見的敍述之一是人應該像企業一樣運作，我們應該不斷完成更多的事情，增加收入，最起碼要趕上我們的鄰居。我們通常不會花時間用智力去推敲那種模式是否適合我們，甚至是否務實，但是當我們開始形成自己的一些思維並檢測它們時，我們的堅實自我會開始取代那個偽自我的運作，我們會站在更堅實的基礎上。

建立自我

我們往往會嘗試尋求A字開頭的東西——關注（attention）、保證（assurance）、認可（approval）等，來降低我們的焦慮。但是當你專注於他人的反應時，你的大腦會變成偽自我的領域，沒有多餘空間容納你真正相信與珍惜的價值。為了索回這個領域，你必須將注意力重新放在自己身上，學會分離你的思緒與感覺。你必須和人們保持聯繫，但試著不要太依賴他們的保證。當我們收回為尋求這些A字頭的安慰而付出的努力時，我們會忽然有更多的精力去達成目標並自我舒緩，我們也會更享受我們的人際關係。

如何建立自我以取代借用自我：

- 回應一個挑戰之前先深呼吸，放鬆你的身體。
- 列出你可能做的選擇或回答。
- 請求他人協助之前，先嘗試自己排除障礙。
- 徵求他人的意見之前，先練習評估自己的工作。

● 花點時間定義你自己的信念與價值觀。

當亞當看到他的偽自我使他在什麼地方陷入困境後，他開始將注意力焦點放在自己身上，並建立自己的自我評估方式。他開始每天記錄他的負面思想，並且觀察到一個有趣的問題：認為失業使他一文不值，等於他在借用社會對成功的定義。他當然不認為其他那些沒有重要工作的人一文不值，那麼，他為什麼要把自己看成例外？

亞當決定他有必要對成功作更明確的定義。由於他有抑鬱傾向，所以他必須用一種更溫和、更客觀的方式去評估他的進步，因此短時間內，他將成功定義為請求協助和照料自己。他鼓起勇氣和他的心理醫師晤談，發現抗憂鬱藥物有助於防止他的心情過度起伏。他記錄他什麼時候淋浴、什麼時候走出屋外、什麼時候去健身房。這樣，當他的焦慮對他說他什麼事也沒做時，亞當可以回溯這張清單，然後專注於事實。他還練習在依賴他的伴侶和父母向他保證一切都會好轉之前，先管理自己的抑鬱。

緩慢但明確地，亞當明白他不一定要依賴別人的讚美才知道他走在正確的軌道上，他完全能夠保持客觀，而且他明白自己對「正確軌道」的定義，不一定要像亞倫・索金（Aaron Sorkin）的電視劇集中所演示的那樣。人生總有得不到他渴求的關注的時候，但他的心情和自我價值仍然可以存活，甚至茁壯成長。

如果你花大量時間從你身邊的人借用自我，你會知道讚美的雲霄飛車的高點與低點都不值得一試。如果你厭倦了假裝你一直都身心平衡，不妨考慮放慢追逐認可的腳步，花點時間定義什麼才是對你真正重要的。檢查你沒有經過大腦思考就向社會借來的成功定義，想一想你如何依賴他人的反應來衡量你的自我價值，這些都能幫助你建立一個更堅實的自我感。有了更堅實的自我感，你就能追求真正的熱情，建立真實可靠的關係，並且知道你在這個焦慮的世界中真正相信什麼。

你的問題

觀察

- 我曾經利用什麼成就和什麼人來支撐我的心情和自我感？
- 什麼時候我的心情或運作會在「偽自我助推器」的面前提升？
- 什麼時候我會更專注於追求愛與讚美，而不是專注於培養我自己的信念與興趣？

評估

- 我如何利用他人的認可或保證來管理我的焦慮？

- 什麼時候我的偽自我無法反映我的真實信念與價值觀？
- 當我想利用別人讓自己平靜下來時，我會想記住什麼智慧？

阻斷

- 在哪些關係和情況下，我可以阻斷「借用自我」？
- 我如何才能為自己的自我感承擔更多責任？
- 我如何才能持續減少偽自我的運作？

你的練習

拿一張紙，然後畫一面磚牆，並在每一塊磚上標示一種建立你的自我感的成就、頭銜或經驗。看看這個架構，然後問自己：在這些磚塊中，有多少是取決於他人對你的回應？哪些磚塊充滿你內在的熱情與興趣？跑十公里馬拉松完全在你的掌握之中，但你無法控制在你的**臉書**相關貼文上按讚的人數。你如何才能開始建立一個比較不專注於他人認可的自我？

第四章

定義你自己

法律和原則不適用沒有誘惑的時代，它們適用這樣的時刻：當肉體與心靈群起反抗它們所受到的嚴苛對待時……如果方便的話，我自己也許會打破它們，它們有何價值？

——《簡・愛》，夏綠蒂・勃朗特（Charlotte Brontë）

卡門三十五歲那年，她的手臂長出一種怪異的疹子。她因為工作太忙沒空去看皮膚科醫生便不予理會，只是拍一拍就算了——我是指**真的**拍，因為那種疹子會造成脫皮，並掉下皮屑。她開始經常感到疲倦，並且在她的皮膚上發現更多怪異的斑點。當她開始掉頭髮時，她嚇壞了。她的醫生為她做檢查，很快地，她被告知她得了紅斑性狼瘡。

三年後卡門來見我時，她仍不知道她有沒有時間接受治療。她做的是危機處理的高壓力工作，而且她希望將她少量的休閒時間用來與她的伴侶和朋友相處，但卡門又很難跟人談及她的慢性病。自從確診紅斑性狼瘡後，她與家人相處時特別容易產生焦慮。卡門有父母和兩個姐姐，每次回家度假時她總是跟他們吵架。「他們對待我的方式彷彿我已無藥可救。我媽希望我搬回加州，但我們和平共處的時間不會超過四十八小時。」

卡門同時避免與她的老闆就她的診斷結果進行坦誠的對話。她會在她感到疲倦時上班遲到，但她會以其他原因來搪塞。「我不希望自己表現出跟不上的樣子，」她說，「但我覺得我現在的生活就像試圖將一枚方形的楔子塞進一個圓孔中。事情必須改變，我不希望病情惡化，因為我不能慢下來。」

在《第三章》中，我談到人們如何不花時間定義自己，直到他們的偽自我遭到打擊。通常，當人們遇到意外的重大事件時就會發生這種情況。在經歷某種程度的壓力後，我們再也無法以我們的慣性運作勉力應付。你有沒有開始思考你從別人（或者從成癮、分散注意力）那裡借用信心或平靜的所有方式？一個人究竟要如何建立一種更堅實的自我感？

現在你也許會說：「凱瑟琳，請你告訴我一些方法！」人們愛死了方法，他們來接受治療，開口的第一件事就是：「我需要方法！」但是，如果你只是從我這裡借用解決的方法，那又有何差別？這是關乎定義你自己的事，只有你自己才能做！不過我可以告訴你卡門是怎麼做的。

” 你真正相信什麼？

測驗時間到了！你還記得區別的兩個要點嗎？

1. 能夠將你的思維與感覺分開
2. 能夠將你的思維與感覺和其他人的思維與感覺分開

成為一個更有區別的人，一部分是個人的，一部分是人際關係上的。因此，建立一個更堅實的自我，一個比較不容易焦慮的自我，意味著要從你自己本身及**人際關係中**的你這兩方面下手。如果你需要一個運動的隱喻，不妨把它想像成先學習投進一個三分球，然後在旁邊有人防守的情況下射籃。你必須像一個個體那樣獨立**思考**，然後你必須像四周還有其他人的個體那樣**思考與行動**。第二步是真正的測試，但除非你先完成第一步，否則無法進行第二步。

在上一章中，我們談到你的偽自我會在沒有多加考慮的情況下採納許多他人的信念與想法。因此，為了建立一個更堅實的自我，你必須開始思考你**真正相信**的是什麼，而不是為了方便，或它看起來不錯，或它和你討厭的那個傢伙泰德在辦公室所主張的信念對立而採納它。真正的信念與隨順或反對無關，它們和誰在房間內沒有關係，真正的信念是你根據自己的邏輯與推論而相信的東西。

當人們開始研究包溫理論時，他們通常會被指定寫一篇「信念論文」。信念論文可以申論任何一個主題或多個主題，重點是讓你根據你的智力去推論，開始思考你的價值觀與信念。當人們開始作這種思維時，他們往往發現他們幾乎沒有花時間致力於發展自己的想法。但事實上，這些想法如果不夠**堅固**，你不可能有堅實的信念。薄弱的或發展不完全的信念會屈服於他人的壓力，有時它也被稱為「團體迷思」（groupthink）。

發展不完全的信念會導致：

- 怒氣沖沖離開房間。
- 隨順團體。
- 和意見相反的人斷絕往來。
- 與人爭辯。
- 試圖說服他人。
- 更焦慮！

擁有充分發展、堅固的信念並不表示他們死板或武斷，許多人會發現他們的信念會隨著新的體驗、證據或知識而改變。關鍵是，你不是為了取悅他人，或為了使他們平靜下來而改變。這是一個經過深思熟慮的過程，不是自動性或習慣性。同樣地，它也是反應與回應之間的差異。

當人們開始致力於發展他們的區別水平時，通常希望快速進行到可以對他人解說你的信念並堅持你的立場。但是，如果你還沒有弄清楚這些信念是什麼的時候，你該怎麼辦？這就是卡門與我見面時的情況。她希望能對她的家人和她的老闆解釋她的處境，但她還沒有時間去發展自己與紅斑性狼瘡共同生活的想法。她不知道在有慢性疾病的情況下，她能過什麼樣最好的生活？她不知道她相信什麼，甚至連想到它都有點害怕。

關於定義你的信念與價值這件事，你不可能在一頓飯之間完成，它需要時間。人們擅長提出藉口，說他們沒有時間去確認與他們的婚姻、他們的事業、他們熱愛的事物，或與他們的信仰有關的信念。當他們坐下來思考時，通常發現這會使他們產生焦慮，但如果一直保持忙碌或利用**網飛**（**Netflix**）來分散注意力就不會。但是記住，不舒服表示你關閉了自動反應，它意味著你正在甩掉一些偽自我的皮屑。

辨識你的原則

卡門開始思考她希望如何過她的生活，以及她真正重視什麼。她思考在面對挑戰的情況下，她最好的自我會做什麼。她專注於她生病的事實，不去想像疾病痊癒或一些假設性問題帶來的噩夢。

一段時間之後，卡門開始培植當她焦慮時她希望能記住的以現實為依據的智慧。她寫下一些專注於長期平靜而非短期解脫的指導原則，一些協助她關閉焦慮的自動反應。換句話說，她根據她的思維而不是她的感覺在運作。

包溫博士稱之為「基於原則運作」。以下是卡門寫下的原則：

卡門的原則

- 我會讓我的家人知道我的病情，不會試圖讓他們冷靜下來。
- 當我需要更多時間時，我會坦白告訴我的老闆。
- 我會一次只做一件事，不會整天匆匆忙忙。
- 我會以我的健康為優先，不會急著想跟上其他人的腳步。

● 必要時，我會接受我父母的照顧與協助。

當卡門看著她寫下的這些原則時，她發現這些原則與她的焦慮行為正好相反。她的焦慮希望她讓她的家人放心，或者逃避他們；它叫她對她的老闆撒謊，整天匆匆忙忙，自我比較，並拒絕支援，難怪她會感到如此不知所措。望著這張清單，她還看到她未來的挑戰。做她通常不會做的事很可怕，但同時她也很想知道會有什麼結果。

本書後面有一些空格，你可以開始思考你的指導原則，然後將它們寫下來。根據你所面臨的挑戰與持續思維，你的原則可能隨著時間改變，但開始考慮你要如何過不同的生活是有利的，原則可以幫助你做和你的焦慮要你做的正好相反的事。

” 在人際關係中定義你自己

有原則聽起來很時髦又很成熟，不是嗎？有些人會把它們貼在鏡子上，甚至背下來，有段時間，我則把我的原則貼在我的手機背面。但它的挑戰是：當你和別人同在一個房間時，你必須遵循你的原則。這是定義你自己的真正考驗，因為別人會有他們自己的想法與焦慮。改變不會在真空中發生，改變甚至不會在治療中真正發生。你要在和你最接近的人的**關係中**

改變。這句話是什麼意思？

它的意思是：如果你逃避你最無法與他們的情緒分離的人——那些能真正激怒你的人——那麼你永遠不會改變。我還需要把它寫出來嗎？他們就是你—的—家—人。

所以，現在卡門的挑戰是在她的家人、她的公司，以及她的浪漫關係中嚴守她的原則。她走出更衣室上場了，她要試著不做她平常會做的事——和她的母親吵架，或逃避她的老闆。簡單地說，她要努力提高她的區別水平。

當你在人際關係中試圖做一件不一樣的事時，人們通常不會喜歡它。你的家庭或辦公室不希望你破壞他們為了息事寧人而建立的平衡，因此當你改變時，這個體系會暫時升高焦慮。有時人們會迅速重新適應你的新行為，但更常見的現象，尤其是高度焦慮的家人，他們會說：「你到底在幹什麼？這不是我們的一貫方式！你一點也不像你了，請你不要這樣。」然而，他們最後終究會重新適應新的現實。

這正是卡門遇到的情況。她回家度假，嘗試以坦誠、開放的態度和她的家人互動。不出所料，她的母親一直跟在她旁邊，對卡門表達她的焦慮。「如果妳不得不住院，妳還能繼續工作嗎？妳真的不想搬回家住？妳的保險夠嗎？」

卡門試著遵循她的第一個原則：坦誠以對，不為她母親焦慮的情緒負責。這對她來說**非常**困難！但就像任何孩子一樣，她對她母親的焦慮高度敏感。最後，卡門再也無法忍受了，

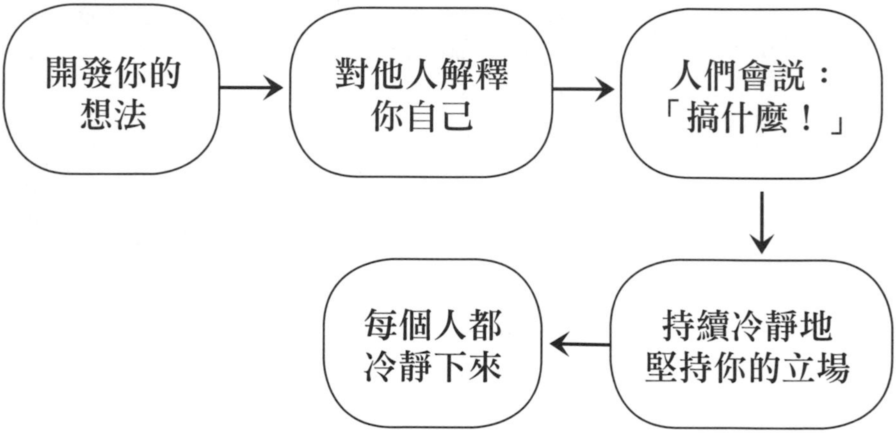

定義你自己

她對她的母親大吼大叫。最後兩人都哭了。

在你的家庭中學習做自己需要下很大的工夫。你可能不會在第一次嘗試時就成功，甚至十次都不會。但如果你每一次都能多撐一下不予以反應，並不斷增強你的思維能力，那麼我會稱它是一種勝利。減少對家人的反應也會使你更容易轉到生活中的其他各個領域。

於是卡門不斷練習。最後，在另一次回家度假時。卡門終於能夠在被質問時保持冷靜。她聆聽她母親的關切，然後她說：

「媽，我正在學習如何和我的紅斑性狼瘡相處，但我無法教妳如何和一個有紅斑性狼瘡的女兒相處，妳必須自己想辦法。」

卡門不是以惡劣的態度說出這句話，她只是將她的想法直白地告訴她的母親。朋友，這就是我們所說的**做自己**。

卡門辦到了。她保持冷靜並分享她的想法。在內心中，她有一種氣球從天花板降下的感覺。那麼，她的母親終於看到光明並平靜下來嗎？她有說：「謝謝妳，卡門，我需要聽到這句話。」嗎？

笑死人了，沒有，沒有。她沒有這麼說。她指責卡門冷酷無情。她說：「我甚至不再了解妳了！」哇，我的天。

但卡門早有心理準備。她知道定義她自己可能會引發她母親的強烈反應，但她不敢期待她的母親這麼快就了解她的想法。她的母親需要時間思考並重新適應新的現狀，而等待這種調適需要很大的耐心。當人們對我們新的運作方式作出焦慮的反應時，你很容易又作出不成熟的反應，但這正是定義自己的真正考驗。

過了一段時間之後，卡門的母親開始求助。她去接受心理治療，總算可以不那麼驚慌失措地談論卡門的疾病了。她開始明白她的女兒是有能力的，並且以這種方式對待卡門。同樣地，卡門也認為她的母親有能力管理她自己的情緒，並持續以這種方式對待她的母親。

這個故事有個圓滿的結局，但定義你自己可能意味著人們不會總是喜歡你這樣做或接受你。然而，它確實意味著你的自我感將減少對那種接受的依賴，此外你的焦慮也會減輕。而且如同卡門的家人那樣，你身邊的人或許也會冷靜一點。我喜歡人們冷靜的時候。

你的問題

觀察

- 什麼時候我會採納別人的信念或價值觀而不是自己思考？
- 我的發展不完全的信念會在什麼地方引發衝突或增加焦慮？
- 在什麼關係中為自己思考或傳達我的想法格外困難？

評估

- 我想為我生命中的哪些挑戰建立一些指導原則？
- 我如何才能找出時間來建立這些原則？
- 什麼人或資源能幫助我建立這些原則？

阻斷

- 我必須阻斷哪些行為才能成為一個更有區別的人？
- 我必須和哪些人增強聯繫來練習定義自己？

● 當我向他人解釋我的想法時，我如何為不可避免的挫折預作準備？

你的練習

想像外星人迫降在你家後院，他們要求以光速旅行的秘密和你交換成為一個成熟人類必備的五個最睿智的思想。你會跟他們分享什麼想法？這是否反映出你在你的人際關係中的運作方式？想一想，你如何建立在焦慮時可以用得上的操作指南？

讓我們複習《第一篇》！

我們已在這四章當中討論了很多，現在讓我們總結我們學到的東西。

1. **開始專注你自己。**如果你想降低焦慮，你必須了解你目前如何管理焦慮。但焦慮希望我們一直關注他人和他們做錯了什麼，它希望我們提出「為什麼？」這類問題，這樣我們才有可能怪罪的人或事物。現在面臨的挑戰是，你要開始對待自己如同對待一個研究專題那樣，注意你如何處理你本身的焦慮，和你在人際關係中的焦慮。

2. **練習將你的思維和你的感覺分開。**焦慮非常擅長扭曲現實並讓你感受到想像中的威脅。你的區別水平就是你將你的思維與感覺分開，以及將真實與想像分開的能力。

3. **練習區別你的思維與情緒和他人的思維與情緒的差別。**你的區別水平也是你將你的感覺與思維和他人的感覺與思維分開的能力。區別水平低的人比較不容易和家人的情緒分離，而且他們也比較不容易為自己著想。

4. **觀察你如何從他人借用運作方式。**偽自我是你的運作當中可以隨著你與其他不同關係而改變的部分。我們的偽自我可以依賴外在的變數來創造一種力量、重要性，或平靜的外表；這會使我們的運作和心情受他人的主宰，並使我們容易受壓力的影響。

5. **開始定義你的信念和原則。**致力於提高區別水平的人會開始更充分發展自己的信念和指導原則，他們願意避免做他們以往在處理焦慮時會自動做的事，並以他們自己的思維引導自己。

6. **練習在重要的人際關係中定義你自己。**這種定義自我的練習要透過與生活中的重要人物接觸來進行。定義自己也許會暫時增加焦慮，但經過一段時間之後，它會降低你自己和你的人際關係中的慢性焦慮。

這幾個步驟都不是直線進行，然後「轟」的一聲就成功了。內心平靜需要終其一生在在地觀察、評估與阻斷，你永遠不能低估持續觀察的必要性，只有認識自我的召喚才能讓你真正平靜下來。這也是我們在本書的下一段要做的事。我們將更具體地討論人類在他們的人際關係中處理焦慮的可預測方式，我們將會談到你的父母、反對你的噓聲、你的朋友，以及你的社群。你準備好在你四周所有這些可愛的人當中減少焦慮了嗎？

第二篇

你的焦慮的人際關係

第五章

你的家庭

我認為，任何成員超過一人以上的家庭都是功能失調的家庭。

——瑪莉．卡爾（Mary Karr），《騙子俱樂部》（*The Liars' Club*）作者

理查帶著一個有趣的難題來接受治療：他有一個家庭。無論從何種衡量標準來看，理查都在打破力爭上游的千禧世代的所有迷思。他在一家數位策略公司擔任高職，他不吃昂貴的酪梨吐司，以便存錢買一棟公寓；他與他的男友已交往兩年的關係漸趨穩定，他準備向他求婚。但是有個小問題——理查的家人對他的性取向感到焦慮，而他也還沒有將他的男友介紹給他的家人認識。

在一個局外人眼中，理查的家庭散發出令人信服的平靜表象。他的父母都已退休，定居在南卡羅萊納州；他的弟弟凱文在過去七年裡一直在大學畢不了業，並且幾度在他父母家的地下室和勒戒中心之間往返；理查的姐姐凱薩琳住在幾千哩外的加州，所以她和家人都處得不錯；他的外婆則是從她的「鐵之王座」——與他父母的住處在同一條街上的一家

老人公寓——統治這個家庭，和所有典型的美國家庭一樣。

理查家中的每一個人都有一個不言可喻的默契：讓外婆高興和解決凱文的問題，是全家和睦相處的最佳方式。理查首先打破這個成規，他在讀大學時向他的父母坦承出櫃。他的父母沒有大聲斥責，但也沒有擁抱他，只是焦慮地說：「我們愛你，但你有沒有想過這有可能害死你的外婆？」理查的父母過去一度是基督教福音派信徒，因此他始終不確定他們對人類性取向的看法，但他知道避免家庭事件對他們而言比其他任何事更重要。因此，他使他們保持冷靜的最佳策略，就是告訴他的外婆他還沒有找到合適的女孩。但如今婚禮在即，他希望每一個家人都能參加。不再逃避問題似乎是一個選項。

你的家庭是管理焦慮的機器

如果你一直在注意，你會記得人類為了存活而預設許多對焦慮的回應方式。我們花大量時間在心理上為這些回應而打擊自己，然而，當我們只是簡單地觀察它們，並問自己是否在我們的劇碼中添加一些不一樣的、更成熟的行為時，我們會從中受益。

但是，當你只關注個人行為時，你會錯過更寬闊的視野。我們不是住在真空中，我們是社交生物，而且我們不斷對應其他人類。在本書〈第一篇〉中，我們探討了如何專注於你自己，但在〈第二篇〉中你將縮小，練習在更廣大的關係體系中專注於你自己。如同我們個人自我一樣，這些更大的體系也在盡其所能地管理焦慮，使事情保持相對平靜。

最基本的關係體系就是你的家庭。為什麼我們會有家庭？為什麼我們不是在母胎內完全成形之後就準備離開家庭，如同成千上萬小海馬從牠們父親的肚子爆出來那樣？那一定很棒。不幸的是，我們出生後無法自己生存，而且我們需要我們的人類同胞來解決問題和管理焦慮。大多數人以為我們的家庭是製造焦慮的工廠，但事實上他們是為了減輕焦慮而建立的。家庭是管理焦慮的機器，而且大部分時候它們都做得很好。

如果你想成為善於觀察自己焦慮行為的專家，你必須也觀察你的家庭的運作方式，或包溫博士所謂的「情緒歷程」（emotional process）。幸好你不需要取得家庭心理治療學位也能做到。眾所周知，家人在如何管理壓力一事上向來缺乏創意、惡名昭彰。他們真的只用一、兩個策略，而一旦了解，你將很容易就可以看出來。了解這些策略能幫助你更自由選擇如何採取行動，甚至在你的姐妹向你「借」車，或你的母親問你是否打算一輩子抱獨身主義的時候。讓我們來看看這些策略。

策略一：距離

像逃避瘟疫一樣逃避人，一直是每個家庭管理焦慮時最常用的策略。這裡的「距離」可以是物理的，好比理查的姐姐搬到離家很遠的地方住，或理查決定一年只回家一次。但它也可以是缺乏真正的聯繫，這稱為「情緒距離」（emotional distance）。理查就是和他的外婆保持情緒距離，因為他從不在她面前談他的私生活。他也和他的弟弟保持情緒距離，因為他們只談大學籃球。

這裡還有其他幾種你也許會利用「距離」來管理家庭焦慮的方式：

- 只談不痛不癢的話題。
- 以電子郵件或簡訊代替面對面交談。
- 規劃完整的時間表使每個人都保持忙碌。
- 在家庭聚會時猛看電視。
- 長時間工作。
- 飲酒或找樂子。

值得注意的是，「距離」沒有好或壞，它只是一股始終存在的力量，如果它大部分時候不能發揮很好的作用，我們就不會利用它。誰不會在感恩節聚餐時假裝對足球著迷，或在一個堂弟舉行成年禮之前倒一小杯酒？但，有時候我們也許仍不得不和令我們焦慮的人互動。我們也許不得不談困難的決定，而不是談今年下了多少雨量；我們也許不得不關掉電視遊戲節目《價格猜猜猜》，告訴爺爺我們不打算去讀商學院。有時我們必須告訴他們我們想什麼和相信什麼，什麼對我們是真正重要的，或真實的我們是什麼樣的人。如果我們只知道以「距離」為手段，那麼我們處理這種焦慮的能力就太弱了。

當你練習和家人縮短距離時，你會開始給自己增加一點對焦慮的免疫力。你知道當你接種疫苗後會怎麼樣嗎？通常你會有輕微的疾病症狀，你的身體會開始產生抗體。你接觸到這種疾病，這樣就會在未來準備處理它時有更好的做法。因此，如果把你無聊的姑姑想像成輪狀病毒會有幫助的話，那就想吧。

理查利用「距離」作為管理他性取向相關的焦慮手段。他不常回家，和他的外婆交談時總是聊天氣和他的工作。理查希望談到他的私生活時可以減少一些不安的感覺，但他不常練習，他只有在他的姐姐可以居中緩衝時才敢向他的父母提及。但為了平靜下來，他不得不分享他的生活，暫時增加焦慮。為了更能夠在他的家庭中做自己，他必須一對一處理他和每個人的關係，這也包括他的外婆。

策略二：衝突

乍看之下，爭執似乎是增加焦慮而不是管理焦慮的方式。試想，人類家庭已有數千年的進化史，但我們至今仍在為誰得到瑪麗姑婆的檯燈而吵個不休。所以，我們必須有衝突才能得到東西，對吧？

衝突或糾紛，可以使你在焦慮的情況下暫時冷靜。如果我深信你錯了，需要改變的人是你，那麼我就可以放鬆一點。我可能會覺得不安全感減輕了，忽然覺得彷彿精神一振，應該接受治療的人是你。說真的，去接受治療吧，布蘭姐！

如果你問人們，什麼會在一個家庭中引發衝突？你會得到幾個常見的答案：

- 宗教。
- 政治。
- 金錢。
- 性。

在我們目前的社會與政治氛圍下，你也許不相信，但上述這些話題不一定會引發衝突，而是我們在提起這些話題時的情緒反應——或包溫博士所謂的不成熟——導致衝突發生。為了減少衝突，我們不需要讓每個人都同意，我們只需要管理我們自己的反應。簡單地說，我們必須更成熟，並關閉使你伸出利爪的自動反應機制。

除了性取向問題外，金錢也是一個在理查家庭中引發不成熟行為的話題。理查和他的姐姐凱薩琳希望他們的父母停止對他們的弟弟凱文提供經濟援助，因為他們認為這樣做是在支持他的成癮。他們還認為這對他們不公平，因為他們都一直乖乖的不惹麻煩。在衝突的另一邊，理查的父母則擔心如果他們的小兒子不能安全地待在他們家的地下室，最後的下場就是只能在太平間見。凱文深陷這場衝突之中，每當提起這個話題時，他索性消失不見。因此你可以想像，這些對談會引發多少種情緒——恐懼、憤怒、尷尬、挫折，以及嫉妒——同時出現，使每個人都無法冷靜下來解決問題。

為了避免陷入衝突，理查必須做到兩件事。他必須注意當提到金錢問題時，每個人會有什麼焦慮的反應。他還必須觀察自己的不成熟如何助長這起衝突，而不要只是責怪他的父母或弟弟作出錯誤的決定。

策略三：三角關係

家庭是相互交纏的連結網絡，兩人之間的緊張關係升高時，一定會波及其他關係。我們會把其他人拉進這起衝突，希望他們成為我們的盟友、知己和轉達訊息的人，這叫三角關係。三角關係在家庭中是如此普遍，只要你稍加注意，就會發現它們無所不在。

三角關係可能像這樣：

- 談論某人的是非。
- 發洩你的挫折感。
- 請某人轉達訊息。
- 請某人收集資料。
- 在爭論中選邊站。
- 帶一個緩衝者參加聚會。

理查的家庭充滿三角關係。凱薩琳和她的母親爭吵時會打電話給理查；理查的外婆會要求他去勸凱文把大學讀完；理查會嘗試說服他的父母去告訴外婆他是同性戀。放眼所及，人人都在利用其他人做為中間人以避免艱難的對談。當一對一的關係薄弱、疏離，或棘手時，他們便依賴三角關係。

一個家庭中的壓力越大，就越容易啟動三角關係。理查發現在他的浪漫生活中，他和他的母親與姐姐形成三角關係，當他的母親說了一句考慮不周的話時他很生氣，於是他會用簡訊向他的姐姐抱怨，她就會發一通憤怒的留言給他們的母親。這樣繞來繞去，這種三角關係就像一塊OK繃一樣，無法幫助任何人變得更成熟。

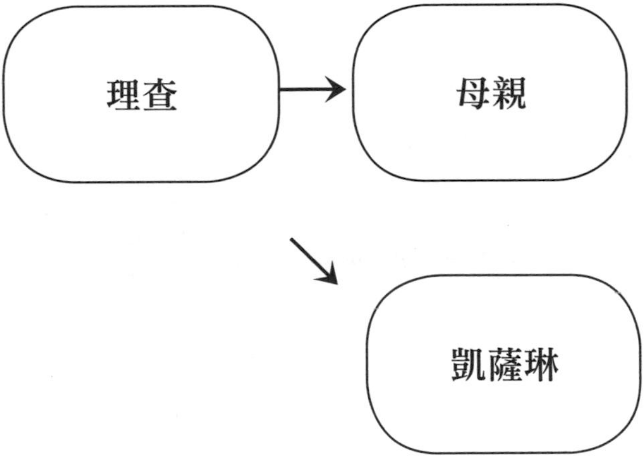

三角關係

策略四：過度運作與運作不足

通常在焦慮的家庭中，當一個人承擔較多責任時，另一個人似乎就顯得能力不足，這便會造成一種翹翹板動態，稱為「過度運作」（overfunctioning）與「運作不足」（underfunctioning）。它通常發生在婚姻關係中，但子女也可能為他們的父母而過度運作，或兄弟姐妹為彼此而過度運作。運作不足的人會被貼上問題配偶或問題子女的標籤，但事實上每個人都在這種動態中扮演一個角色。

事實上，有時為某個人做一件事會比看著他們自己嘗試完成任務更容易些。不信的話，那麼顯然你的父母不曾要求你幫他們安裝任何科技產品。當有人能為你做事時，假裝無助會更容易些，畢竟如果能為老爸帶來樂趣，你又何必學習如何報稅？另一個家庭成員的存在竟會觸發這些不同的反應，真令人驚訝。

理查可以觀察他的家人，看他的母親如何經常成為那個過度運作的人。她是個龍捲風型的女性，不停地打掃和餵飽每一個人。當凱文宣稱他精神不濟時，她為凱文填寫求職申請表；她吩咐每個人要對外婆說什麼話，以及什麼時候應該對她撒謊。理查承認運作不足比較容易，於是讓他的母親作主，但有時他也模仿他的母親，以彷彿他的弟弟與父親能力較弱的方式對待他們。

審視他的家庭用來管理焦慮的所有策略後，理查發現他的家庭運作就像玩「扭扭樂」遊戲（Twister game），每個人都在不斷地試圖越過另一個人，不需要太多時間就把整個事情打翻了。

在家人身邊冷靜下來

了解這四個策略有助於你了解你的家庭是管理焦慮的機器。你越是觀察到距離、衝突與過度運作或運作不足是對焦慮的自然反應，甚至是適應性反應，你就越不容易責怪你的家人，或標記某人是問題人物或壞人。當你認為沒有壞人時，你會降低反應，行為舉止更中立。你會了解在這一齣家庭戲碼中，每個人都扮演一部分角色，而你唯一可以控制的部分是你自己。如果你改變一個變數，你就會改變整個方程式。

理查和我談到，如果他開始更常打電話和增加回家的次數，他就可以多觀察他的家人。起初他不需要做任何不一樣的事，他只需要觀察和做一些紀錄。有一次他回家後，他將他的發現記錄如下：

1. **距離**：我和外婆保持距離，不提我的私生活。
2. **衝突**：我告訴父母他們必須停止給凱文錢，因而助長了衝突。
3. **三角關係**：當我向姐姐宣洩我對父母的不滿時，我製造了三角關係。
4. **過度運作／運作不足**：當我教訓弟弟時，我過度運作；當我要求母親為我向外婆傳達訊息時，我運作不足。

我不能過度強調，當你試圖降低家人的焦慮時，觀察有多麼重要。人們往往在沒有充分了解家人的運作方式的情況下就急著改變自己（或他人！）。事實上，你不可能真正降低你家人的反應，至少不能用純粹的意志力。但唯獨觀察能啟動人類大腦的前額葉，它凌駕我們的戰鬥、靜止、逃跑或煩惱的本能之上。

花時間和他的家人互動，觀察情緒歷程，並記錄他的觀察結果之後，理查有了一張解決他的焦慮的路線圖，並成為他家庭中一個更有區別的人。他只要和他們保持聯繫，並且**不做**他通常會做的事就可以了。

理查的家庭原則

1. **縮短距離**：我可以嘗試對外婆公開我的關係，無論她有什麼反應都不管它。

2. **降低衝突：**當我的家人對於如何幫助凱文意見不一致時，我可以盡量保持中立。我可以聆聽每個人的想法，然後也分享我自己的想法。
3. **避免三角關係：**我可以嘗試和我的直系親屬中的每一個人建立一對一關係，不談論是非，或對凱薩琳宣洩我的挫折感。
4. **為我自己運作：**我可以嘗試退一步，讓別人對他們自己負責。我也可以在很想讓我的母親或凱薩琳為我做事時，試著自己承擔責任。

這張清單相當成熟。這些任務其實都不簡單。如果你還記得卡門在第四章的故事的話，你就會知道，改變你的行為會在事情最終平靜下來之前引起暫時的焦慮。理查的母親可能會對他拒絕去管凱文而生氣；如果他對外婆出櫃，她可能會掛他電話，再也不打電話跟他談關於空氣中花粉散布量的事。但是理查已經準備好了。

” 有些人難道不該逃避他們可怕的家人？

當人們學到包溫理論時，他們首先反對的是，你的生命中就是不該擁有某些人，和他們增強聯繫的觀念聽起來是不健康的，甚至是危險的。

但這些觀念不是在告訴人們應該如何與他們的家人相處，它們強調的是阻斷你的自動反應，以便你可以選擇做什麼。人們往往以為他們在作有意識的抉擇，但實際上他們只是在重現多世代模式。當他們審視他們的家族史時，他們會發現斷絕聯繫或失和的情況一次又一次發生。

理查審視他的家族史，看到許多例子顯示那些信仰與家庭規範不同的親戚如何從每個人的雷達中消失。他知道他母親的幾個兄弟姐妹已不再和他的外婆說話。看到這段歷史，理查決定他不要成為他家族中另一個消失的人。雖然他的外婆和他的父母讓他感到沮喪，但他不覺得跟他們相處時會有不安全感；凱文雖然令人生氣，但他是個風趣和守禮的人。理查認為凱文感激他的生命中擁有他們，而且他可以看到盡量成為房間內最成熟的人的價值。

我的朋友，這就是「區別」的定義：置身家庭之中，同時又有一點在情緒歷程之外。你可以成為家庭的一員而不要進入自動反應模式。你可以選擇如何以降低反應來回應他們。它很難，但首先你要學會當你的家人做他們一貫做的事時，你不要太驚訝。

多一點自由

理查和他的家人沒有好萊塢式的結局——最終每個人都變得饒有見地和幡然悔改。我想他們仍然和我們一樣，保持距離、衝突、建立三角關係，以及過度運作或運作不足，尤其是當壓力大時。理查的成功里程碑只設定在他能在這些情緒歷程中更自由一點，因此，每次打電話回家或飛回去探望家人時，他都會提醒自己，他不為任何家人的行為舉止承擔責任，他的責任是做他自己，表現成熟，然後分享他想分享的東西。他希望與他的外婆分享他的男友，因為他愛他們兩個人，於是他就這樣做了。神奇的是，經過一段時間之後，外婆冷靜下來了，現在她已經可以歡迎理查的未婚夫加入她不完美的家庭。

理查同時也努力和他的弟弟發展一種不是嚴格建立在擔憂與過度運作的基礎上的新關係。他開始對待凱文像對待一個有能力、生活不會隨時崩壞的成年人。他們越來越接近，凱文因為家中至少有一個人對他的生活將如何轉變感到好奇而不是憂慮，因此而受益。

令人驚訝的是，理查和凱薩琳的關係反而變得更緊張，當他開始對他們的父母更有耐心，並且不太願意對她抱怨父母時，她並沒有很開心。她也嫉妒理查和凱文越來越接近，指責他輕忽他們的關係。但因理查可以看出他們兄弟姐妹正在進行的三角關係，因此他對凱薩琳的反應沒有太驚訝。即使她責罵他，他也能保持冷靜。

不是每一個在家庭中為自己而努力——尤其是牽涉到性取向問題時——的故事都有理查這樣的結局。有些家庭永遠不會讓步，或者顯現敵意，你必須評估你希望如何應對此一挑戰。目標不是改變別人，而是開始選擇你的行動，並且不要在自動反應的過程中被淹沒。

在家庭中為自己而努力不會吸引每一個人。它不符合保險公司喜愛的迅速解決、以解決方案為重心的治療。一個原因是：它需要時間。人們通常希望建立他們與浪漫伴侶的關係，或者他們想做呼吸練習，或在日記中寫下積極的肯定，但花更多時間與他們的家人相處？打電話給那個古怪的親戚？不，謝了。

但我真的相信，在家庭中為你自己而努力，會大幅度改善你的焦慮程度。當奧林匹克運動員在高海拔地區接受訓練時，他們在比賽時會表現得更快、更強。你的家人就是焦慮的高海拔訓練：如果你可以在你的家庭中更冷靜，你就可以在任何地方都保持冷靜——在公司、在地鐵上、在約會時，或在你自己獨處時。

你的問題

觀察

- 什麼時候我的家人會利用距離、衝突、三角關係，或過度運作／運作不足來處理焦慮或緊張關係？
- 什麼時候我會參與這些策略，以及如何參與？
- 什麼一對一的關係是我的家人中最弱的一環？

評估

- 什麼時候我在家庭中的行為不能反映出最好的自我？
- 我如何看待自己在家庭中有更成熟的作為？
- 下次探望家人時，我想記住哪些指導原則？

阻斷

- 我從什麼地方看到我有機會可以在家庭中練習成熟？
- 我如何提醒自己縮小自我，將家庭視為一個體系而不去責怪個人？
- 我在處理家庭關係時如何持續追蹤進度？

你的練習

在這一章中，你學會你的家人如何利用距離、衝突、三角關係，和過度運作／運作不足這幾個焦慮管理策略。從這些策略中選出一個，然後寫下你的家人利用這個策略使事情保持平靜的例子。現在花一點時間，考慮一下使用這個策略所付出的代價。三角關係是否阻礙了人們建立一對一的關係？距離是否使人們不能分享他們真實的自我？思考一下，有什麼替代方案可以取代這種運作方式，以及它需要你作什麼樣的改變？記住，你可以藉著改變自己來改變家人的運作方式。

第六章

你的父母

我的母親——她在這裡，我可以感覺得到。聞到沒？這房間好像有內疚與香奈兒 No.5 的氣味。

——萊拉，《奇異果女孩》（*Gilmore Girls*）

葛瑞絲關了手機後把手機塞回她的皮包內。「是我媽，她老想知道我是否在治療時談到她。」我們倆都笑了。誰不在治療時談他們的母親？

葛瑞絲一直沒有來諮商是因為她想改善她與母親的關係。上個月她有兩次恐慌發作，兩次都發生在她與男友吵架之後。她衝進淋浴間大哭，然後「轟！」地就發作了。起初她以為她心臟病突發，但經過兩次半夜送急診後，葛瑞絲決定她不能再這樣下去。

我的客戶很關心症狀，理由十分充分。恐慌發作是非常不愉快的事，而且她擔心它會再度發生。但我同時也有興趣了解葛瑞絲的家族體系。我想多了解她的家庭，她原生的管理焦慮的有機體。我不是要找一個可以歸咎的人，而是想更了解她的焦慮的自動反應，以及她在這個世界運作的方式。

葛瑞絲是獨生女，父母住在西海岸，她的父親是中學校長，母親是房地產仲介。父母在葛瑞絲幼年時離婚，葛瑞絲主要由她的母親撫養長大，但她跟隨父親的腳步在一所小學擔任副校長，工作認真。

雖然相距數千哩，但葛瑞絲和她母親經常互傳訊息與通話。她告訴我，她感覺她被手機束縛。「我媽從來不會對我說『玩得開心點』或『旅途愉快』，她只會說『要小心！』，這是我家的座右銘。如果我不在飛機降落那一刻打電話給她，或到家晚了沒有發訊息給她，她就會不停地打我的手機。她老是以為我會被搶劫，或在嚴重的撞擊事故中遇難。」

葛瑞絲的母親不是唯一表現焦慮的人。葛瑞絲形容她的母親是個具有「成癮人格」的人，她的購物強迫症使她積欠大量信用卡債，她的飲食習慣使她得了第二型糖尿病。葛瑞絲很怕她的母親會死去而離開她，或者最後破產想搬來跟她一起住。這些問題導致無休止的擔憂與長篇大論說教的惡性循環，而且兩人似乎都不想作更多的改變。

原生關係

對大多數人而言，我們和父母（或主要照顧者）的關係是人類第一個重要的關係，難怪許多心理治療理論都非常重視我們生命早期的發展階段，以及我們與父母連結（或者沒有連結）的方式。但談到父母並不需要動用佛洛伊德理論，如果父母任何一方仍健在，只要觀察你如何與他們互動，它就能告訴你和童年記憶一樣多的訊息。而且，實際觀察比記憶更準確得多。

處理你和父母的關係最困難，因為你一輩子都被鎖定在與他們相處的模式。許多人前來接受治療，希望能影響他們的戀愛關係、友誼，甚至希望在他們即將與一個手持十呎長棍的父親或母親接觸之前，改善他們的關係。但是當我們想得到多一點平靜和多一點成熟時，回溯最初的關係會有極大的差異，因為它會為你生命中的其他關係帶來正面的影響。你可以換個新工作或新的重要的另一半，但你不能拿你老媽去交換謝爾河，或拿你的老爸去交換一個不使用表情符號的人。所以你最好考慮是否有什麼地方可以修正，從而協助你冷靜一點。

停止「教養」你的父母

除了恐慌症之外，葛瑞絲接受治療的另一個原因是她拿不定主意是否要和她的男友艾瑞克分手。她厭倦了自己老是在清空洗碗機和支付 Wi-Fi 帳單，而艾瑞克只會用夢幻足球播客（Podcast，數位廣播媒體）的聲浪蓋過她的抱怨聲。但葛瑞絲心裡明白，在這一連串沒什麼用處的關係中，她是這個方程式的一部分——她傾向扮演照顧者，而她約會的對象都樂於扮演無助的人。

葛瑞絲可以在她與艾瑞克的關係中減少一點過度運作，但如果她想和他分手，那絕對是她的特權。另一方面，她的母親無論如何都不會離開她。葛瑞絲從未想過她在戀愛關係中扮演的「教養」角色，反映出她與她母親之間的動態。如果她能學會坐下，讓她的母親更獨立，也許她更容易停止像母親般地照顧她的男友。

我有許多客戶經常告訴我，他們如何嘗試「教養」他們的父母。一名年輕婦女讓她的母親打電話向她詢問約會意見；一名財務上極為成功的男士開始為他經濟拮据的父親擔保貸款。你的父母親越是過度介入你的生活，你越容易回報他們。

許多成年人因為一心管理他們父母的事，以致沒有多餘的精力追求自己的目標或管理自己的焦慮。我們很容易成為設法教導我們的父母如何健康、理財，甚至指導浪漫關係的人，但我們自己的生活卻一塌糊塗。我們喜歡填補他人的成熟缺口，卻無力解決自己的問題。

有些文化高度重視照顧父母，期待子女一旦經濟獨立就立刻開始支援父母。我們決不應該將文化差異標記為不成熟，但我認為，焦慮是一種晴雨表，而照顧你的父母是一個經過深思熟慮的選擇，還是一個焦慮的、自動的選擇？這個行動是以原則與價值為依據，或只是為了使他們平靜下來，或防止衝突？當我們看不到隱藏在這個選擇底下的焦慮時，我們會完全錯過重點。

人們最後為他們的父母而過度運作時，雙方會經常吵架，這是因為人真的不喜歡被管或被控制。通常，當一個人能培養思考能力，知道做一個成年兒女意味著什麼時，事情才會平靜下來。我們常思考如何做一個好伴侶或一個能幹的員工，卻很少坐下來思考，做為一個上有父母的成年人意味著什麼。

葛瑞絲非常關注於協助她的母親學會控制糖尿病。她會追問她母親的血糖值，並傳給她當地健身房的連結網址。這些對話往往以眼淚或大吼大叫收場。葛瑞絲透過努力控制自己來管理她對母親的健康的恐懼。她指導、長篇大論說教、直接哀求，但都無效，因此她準備作不同的嘗試。

有一次，我給她一個治療作業，請她拿一張紙劃分成兩欄，第一欄列出她覺得自己身為成年女兒應擔負什麼責任，第二欄列出她知道不該屬於她的責任。結果她交出兩張有趣的清單。她承認在她母親的健康這件事上，她的責任是傾聽和支持。就這樣！**沒別的了**。她在不是她的工作那一欄底下寫著「提供建議」。葛瑞絲還知道她必須為她自己的煩惱負責，而不是為她母親的煩惱負責。

如果你也有「教養」父母的風險，不妨坐下來，將你在這個關係中應該承擔的責任界定清楚，也許對你有所幫助。以下是幾個常見的答案：

成年子女的責任：

- 定期聯繫。
- 花時間傾聽。
- 分享我的生活。
- 以父母有能力生活自理的方式對待他們。
- 父母提出要求時才分享我的想法。

葛瑞絲停止管她母親的健康，開始管她自己的焦慮反應時，有趣的事發生了。她的母親忽然有了一些喘息的空間，去思考她要如何過更健康的生活。當你更了解你應該對你的父母扮演什麼角色和不該扮演什麼角色時，你或許會發現你和你的父母都更冷靜了一點，每個人都擺脫相互激怒和相互安撫的循環而獲得更大的自由。

成長的時候到了！

雖然我們也許會為我們的父母而過度運作，但我們的舉動有時也像他們的孩子。這樣不好嗎？嗯，視情況而定——你是個孩子嗎？這句話聽起來很刺耳，我知道。在焦慮時假裝無助——運作不足——很容易，而且許多成年人也許有非常樂意在他們煩惱時衝過來拯救他們的父母。當你持續被拯救時，你一定要問自己，我的行為有多麼無助，導致我無法成為一個更有韌性的人？這會如何助長我的不安全感？

葛瑞絲可以檢視她的通話紀錄，了解與母親聯繫如何成為她面對苦惱時的立即回應方式。如果她的老闆太混蛋，或她的男友為了朋友而放她鴿子，她就立即發簡訊給她的母親向她訴苦。她知道，她的母親永遠是她的盟友。這種自動式回應使葛瑞絲無法思考自己希望在工作上或關係上成為一個什麼樣的人，她的母親則更樂意承擔這個責任——可以掌握她女兒每週七天、每天二十四小時的狀況讓她感到安慰。母女倆各自在這齣功能失調的舞碼中扮演一個角色，但其中一人勢必要改變。

葛瑞絲和母親互動時，很容易表現出像個青春期或甚至更小的孩子，但她不喜歡由這個年輕版本的她來控制自己，也不認為這樣做能反映出她想成為的那個人。包溫博士教導我們，我們每個人的內在都有一個成年人和一個嬰兒，但嬰兒不需要主導一切。還記得〈第三章〉中，你學到你的虛假的自我吧？當我們在另一個人面前表現出無助或能力不足時，那就是你的偽自我在扮演嬰兒的時候。我們和父母互動時經常會發生這種情況。

嬰兒會：

- 表現出無助。
- 怪罪他人。
- 抱怨。
- 受到批評時會發動攻擊。
- 等待對方改變。
- 無法靈活思考。

但是成人可以：

- 對自己負責。
- 自我安慰。
- 看到更寬闊的視野。
- 聆聽不同的意見。
- 展現成熟。
- 靈活且客觀地思考。

長大之後，你和其他每一個成年人一樣機會均等，包括你的父母。你一樣要對自己負責，並在這些關係中展現成熟。換句話說，你**沒有藉口**。如果你的母親不成熟或刻薄，或你的父親焦慮得一塌糊塗，你就不能再為你自己的運作而怪罪他們。現在你的工作是改變你在這世間的運作方式。你也許還會發現，當那個內在嬰兒可以在你與父母的關係中退居次要位置時，你會開始感到更安全，在工作上、與伴侶，以及與朋友一起行動時也會更有能力。

你的父母和一般人一樣

我們都會幻想我們的父母是什麼樣的人，或能成為什麼樣的人，但我要在這裡告訴你，歐巴馬不會來收養你，你的父親也不會扔掉他常穿的工作短褲。當我們用幻想來衡量時，我們會錯過與父母建立關係的現實。成年最大的挑戰之一是開始看到你的父母也和一般人一樣。雖然為人父母是人生的大部分，但不是唯一的部分。你的父母也有他們自己的希望、恐懼與興趣，而且這些都與你無關。令人震驚吧？我知道。

成長一部分意味著學習和父母的情緒分開，不要讓他們的焦慮對我們造成太大的影響。最無法與父母情緒分離的人，也是最不容易將自己視為一個個體的人，他們通常以極端接近父親或母親或盡可能遠離他們的方式來回應。

當你不能像對待一般人那樣對待你的父母時，你也會很難理解並體恤他們的選擇。葛瑞絲就經常質疑她母親的飲食、消費習慣，以及約會對象。由於她沒有像對待外人那樣對待她的母親，她幾乎無法想像她的母親會作出她不會作的選擇。但她的母親會和怪裡怪氣的人約會，購買有問題的房地產，甚至在穿涼鞋時穿著襪子。

葛瑞絲知道監管母親不是她的工作，但是當她的母親迷戀一個粗魯的傢伙，或者從甜甜圈店打電話給她時，她都強忍著閉嘴。為了協助她保持中立，我們練習了幾個冷靜、支持的短句，讓她在很想管她母親的時候使用。

不要說：妳為什麼要把所有時間都浪費在那個魯蛇身上？

試著說：妳好像對這段關係非常興奮！

不要說：拜託妳不要再用電子郵件傳 MapQuest 的使用方法給我好嗎？現在都二十一世紀了！

試著說：謝謝，但我要用我的手機導航。

不要說：拿掉「滿福堡」外層麵包也不會使它成為健康的早餐！

試著說：妳想照顧妳自己，太好了，我為妳加油！

了解你的家族史

你如何開始將你的爸爸、媽媽看成和一般人一樣，而不是你笨手笨腳的員工？我常鼓勵客戶從進一步了解他們的家族史開始下手。回溯上一代有助於一個人了解塑造他們父母的那股力量，以及他們在自己的直系親屬中所面對的挑戰。當葛瑞絲只關注她的核心家庭時，她看到的是她的母親無能、焦慮和愛管閒事。為了能更保持客觀，我們要回溯父母的上一代。

葛瑞絲告訴我，她母親的父親年僅四十五歲就因顱內動脈瘤而去世。她的母親是家中最小的孩子，很受葛瑞絲一直沒有再婚的外婆寵愛。當我問及她母親的兄弟姐妹時，葛瑞絲說她不認識他們。她的母親為了外婆的遺產和他們發生糾紛後，從此與他們斷絕聯繫。

透過回顧過去，葛瑞絲開始了解為何她母親的經歷會影響她的運作。於是，她似乎不再那麼愛管閒事或鬥氣了。一個經歷過猝死事件的婦女會很擔心她的女兒，這是合理的。而且，一個與家人斷絕往來的婦女會如此焦慮地關注自己的女兒——因為她的注意力無處可去——也不令人意外。葛瑞絲可以看出她的母親如何運作——不論好壞——來回應這些事件。她開始摘下她的焦慮護目鏡，頭一次正視她的母親。

然而，客觀不一定能和大幅度改變劃上等號。葛瑞絲在治療時也許對她的母親有這種清晰度，但是當她想到她母親在電話上折磨她時，她的內心仍然掙扎。她的母親會說一些她不喜歡聽的事，她會快速反彈，然後其中一人會掛斷電話。事情會平息下來，不久兩人又開始交談。葛瑞絲會試圖隱瞞一些她與她男友交往的點滴，以免她的母親難過或主動提供她不想要的建議，但這樣做只會使她母親的反應更激烈。

我問葛瑞絲有沒有她母親年輕時的照片？她說她有，於是我們討論這些照片如何能在視覺上提醒葛瑞絲她不只是她的母親，她也是一個有希望、有恐懼的人。我們想出一個計畫，每當葛瑞絲對她母親的不斷聯繫感到沮喪時，她就看這張照片。看到這張照片，她就可以看到一個女人盡其所能應對挑戰與悲劇的歷史。不吵架仍然很難，但這些照片幫助她緩下來思考。如果她希望她的母親像對待一般人那樣對待她，那麼她也要這樣對待她的母親。

如果我和父母不親近怎麼辦？

我有許多客戶表示，他們跟父母不親近。我向葛瑞絲詢問她父親的事時，她這樣告訴我：她的父親在她小時候再婚，之後又生了兩個比葛瑞絲小很多的孩子。她感覺她在這個可愛的四口之家中彷彿多出來的第五個輪子，而且她的父親不太會把她納入他們的活動中。她只有在假期時與他共處幾個小時，並在她需要工作上的建議時打電話給他，但他們的交談會因為尷尬而頻頻停頓，於是她很快就找藉口掛電話或離開。此外，葛瑞絲的母親掌握她在家的時間表，如果她在她父親家停留太久，她會嫉妒。

在〈第五章〉中，你學到距離是我們處理焦慮時常用的策略之一。但人們往往誤會與父母拉近距離的目標——它不是要成為好朋友，使他們更了解你，或甚至得到他們的支持。目標是在這個基本關係中，學會更像一個個體。你接近他們，是為了使自己變得更獨立。這聽起來似乎很矛盾，但不妨思考一下。你越不受他們的焦慮影響，你就越有能力與他們發展出令人滿意的關係。

開啟新的家庭傳統

葛瑞絲透過觀察與了解她的家族歷史，學習以更客觀的方式對待她的父母。她也看到她自己在這些關係中的行為模式，她不再認為自己是母親緊迫盯人和父親疏離之下的犧牲者。如果她可以怪罪她的父母，那麼他們也可以怪罪他們自己的父母，這樣要怪到什麼時候才能了結？

她決定她要開啟一種新的、坦誠與冷靜的家庭關係。她想減少對她母親的反應，並與她的父親縮短距離。透過改變自己，她就能開始改變她的家譜。葛瑞絲規劃每個星期打電話給她父親的時間，她還為他們的交談機會增多、彼此更深入了解時可能發生的尷尬停頓預作準備。她不再被動地等待邀請，而是主動表示她希望有更多時間與她的父親和其他弟妹相處。於是他們安排度假計畫，他終於訂了機票飛到華盛頓特區來探望她。

她也開始對她的母親設定一些界限。她告訴她，她想分享她的生活，但她不再每次班機降落，或她安全回到家後就立刻打電話給她。可以預料得到，她的母親大力反對這個決定。這需要時間，但慢慢地，她會了解她的女兒是個會照顧自己的負責任的成年人。

葛瑞絲同時發現，她的母親也讓她得到一些驚喜。當她不再為金錢、男友或血糖問題而責怪她母親後，她發現她母親的大腦開始發揮功能了。她永遠不會成為一個保健大師或留給葛瑞絲一大筆遺產，但她開始聽醫生的話，並剪斷她的信用卡。這些改變提醒葛瑞絲，她的母親一直都是個有理性的聰明人。

葛瑞絲努力改善她與父母的關係的結果，還發生一件有趣的事。她開始發現她與男友吵架的頻率減少了。她不再試圖以她母親管她的方式那樣管他，她像對待一個有能力的成年人那樣對待他。她現在了解了，這或許是你能送給你所愛的人的最好的禮物。

你的問題

觀察

- 什麼時候我會在與父母互動時反應激烈？
- 我如何為我的父母而過度運作？
- 什麼時候我內在的嬰兒在我與父母的關係中主導一切？

評估

- 做為父母的成年子女，我的責任是什麼？
- 我與父母的關係如何影響我和其他人的互動？
- 與父母建立減少激烈反應與更成熟的關係會是什麼樣子？

阻斷

- 我即將有什麼機會練習在父母身邊減少激烈反應？
- 在這些關係中，我如何才能避免恢復自動式行為？

● 我怎麼樣才能記住我的父母和一般人一樣，存在於他們與我的關係之外？

你的練習

如果你想在父母身邊的表現更像個成年人而不是像個嬰兒，那麼當你很想對他們長篇大論說教、批評或抱怨時，改而採取一些中立的、非批判性的回應將會有所幫助。當你的母親說她想開一家Etsy網路商店，販賣鉤針編織的腰包時，不妨試著說：「妳好像很興奮！我為妳高興。」不要說：「妳瘋了！妳有什麼毛病？」花幾分鐘寫下幾個立場溫和的句子以便不時之需。記住，你不需要同意你父母的任何意見，你只需要記住：你不負責管理他們的生活。

第七章

啊，約會

愛琳：你是說，百分之九十至九十五的人不懂約會？
傑瑞：不懂約會！
愛琳：那這些人怎麼會在一起？
傑瑞：酒精。

——《歡樂單身派對》（*Seinfeld*）

蓋兒來找我諮商時她是個目標設定機。她想參加半程馬拉松比賽；她的目標是在她的法學院班級以前百分之十的名次畢業；她正在為她的季節性抑鬱症培養應對技能；她目標清單的最後一項是她最害怕的任務：**開始約會**。

蓋兒從未打算延遲她的約會生活。她的內心是浪漫的，過去幾年她曾愛上過許多人，但是當她回顧過去這十年時，她診斷自己患有一種「一旦……立刻……症候群」。「一旦進入一所好大學，我立刻約會；一旦大學畢業，我立刻進法學院深造。」現在她告訴自己：「一旦通過律師資格考試，我立刻……」最後蓋兒擔心長長一串完全合法的藉口會一直延伸到她忙碌的未來，使她成為一個老處女。

蓋兒告訴我，她對她不曾體驗過性愛或浪漫關係感到不安。我建議她，如果不符合她的價值觀、是被社會規範所唾棄的，這種情況下不必約會。「但這是我想要的，」她說，「我如何度過我的時間不一定總是反映我真正的價值觀。每一年它總是輕易地被我移到清單的最底下。」

身為作家，每當我有截稿日期時，我的房子就會乾淨得發亮，我當然也可以這樣推斷蓋兒。我們的價值觀往往無法和我們的時間配合，因為我們由焦慮來決定我們做什麼，而你的焦慮總是選擇最安全和你最熟悉的做。蓋兒的焦慮最愛崇高的學術目標，離開這個地帶冒險進入怪異的調情國度似乎是個可怕的念頭。「我們為什麼不換上衣服待在圖書館就好，」她的焦慮會這樣建議，「我們愛圖書館！」

約會在我的工作中是最常見的話題之一。在一個以科技為基礎的性開放文化中，找對象可能會產生挫折感，被拒絕的風險極高，而且就算你開始時沒有心理負擔，約會應用程式也會讓你產生心理負擔。但無論你是年老、年輕、同性戀、異性戀、一夫一妻，或多邊戀，有一件事是不變的，那就是當你在尋找伴侶時，專注於做自己絕對是一件困難的事。我們很快就會為一個完美的陌生人而犧牲自己。

運用你的大腦

蓋兒的焦慮有很多有效的藉口使她沒有開始約會。如果那些應用程式搞混了或失常了怎麼辦？如果沒有人願意和她一起出去怎麼辦？就算有人願意跟她一起出去，當他們發現她從未談過戀愛、從未有過性經驗時，他們會有什麼反應？更可怕的是，如果他們毫不在乎，只想跟她逢場作戲呢？她甚至不知道該怎麼辦？當她的腦子充滿各式各樣的疑問時，她的焦慮就會大喊：「**放……棄！**」

蓋兒用她的部分大腦處理這個問題，卻忽略了大腦的其他部分可能對她更有利。為了調查這個進退兩難的困境，我們將她的大腦分成（當然是以繪圖的方式）三個部分：一個是爬蟲類的大腦，一個是哺乳類的大腦，以及一個人類的大腦。

1. **爬蟲類的大腦：**本能是戰鬥、逃跑或靜止不動。
2. **哺乳類的大腦：**依賴人際關係。
3. **人類的大腦：**朝著既定目標努力。

有關蓋兒的約會生活，大部分都是她的爬蟲類大腦——或稱「蜥蜴腦」——在發號施令，當有人對她表示興趣時，她會逃跑或靜止不動；但她也用她的哺乳類大腦尋找關係來協助她管理壓力。她告訴朋友她為約會的事發愁，因為她聽人家說過華盛頓特區內約會成功的故事和恐怖的故事。當她無法鼓起勇氣展開行動時，她依賴她的朋友與父母鼓勵她，但這些似乎都效果不彰。

蓋兒認為約會應該是有趣和自然的，因此她忽略了要運用她的人類大腦。她朝既定目標努力的能力，比我或她的朋友對她的鼓勵更有效。畢竟，她是個實現目標的專家，不需要任何人教她。因此，關於這個特定問題，何不相信她神奇的大腦？

約會讓人不知所措，但你知道還有什麼會讓人不知所措嗎？法學院。那麼，蓋兒如何避免被法學院壓得喘不過氣呢？她解釋說，她只關注她每一天應盡的責任，以此來管理法學院帶給她的焦慮。她的答案是：「我問自己，『我今天必須做什麼才能成功？』」

於是蓋兒開始問她自己，為了使約會成功，首先她必須做什麼？她決定在採取任何進一步行動之前，她必須先了解各式各樣的約會應用程式，這樣她才能決定哪一個應用程式適合她。她設定目標，她要找一篇比較各種不同約會程式的文章來讀。她忽然有了明確的、可以完成的家庭作業，而且，這個能力超強的女生不喜歡家庭作業才怪！她的大腦前額葉點亮了，照亮了一條可行的約會之路。

原則是性感的

當蓋兒挑選一個約會應用程式，建立她的個人檔案，開始和一些人通訊，並且忽略一些看起來很噁心的人之後，她的信心增強了。雖然她很想隱瞞真相，但她仍盡可能在她的個人檔案中呈現真實的自己。但是，等她開始赴第一個約時，這個自我卻消失無蹤了。一號男士很吸引人，令人印象深刻，而且當她同意他那極為瘋狂的談話時，整個晚上她都在失去自我的驚恐中飄浮，因為當他提到他鄙視任何宗教時，她竟忘了說她會去猶太教會所禮拜的事。當一號男士表示想搬回洛杉磯時，她也沒有告訴他她收集了大量的開襟羊毛衫，以及她討厭擦防曬霜。

在蓋兒同意他所說的一切後，這個人想再約蓋兒出去自是意料中的事。或者說，他想和她的焦慮在面對可能被拒的情況下而迅速製造的偽自我約會。蓋兒百分之百專注在這個人身上而不是專注於她自己，這使她幾乎無法自持。

你也許會說，如果蓋兒對她尋找的對象開出更明確的條件，可能就可以避開這種自我抹煞的陷阱。人們通常會開出他們想要的重要另一半的條件，然後把它們帶過來治療。我很高興聽到這樣的想法，但我對於人們對他們自己有什麼期待更感興趣。你想在約會時成為什麼樣的人？在戀愛關係中成為什麼樣的人？如果一個潛在的伴侶從舞台右側進來，你的真實自我會如何妥協？認識自己是確保一個潛在的伴侶將會符合這些條件的最佳方法。

有焦慮的約會方式，也有成熟的約會方式。問問你自己，這兩種途徑之間的差異，能給你什麼該做和不該做的寶貴見解？還記得我們談過我們焦慮的自動機制在家庭中的運作方式嗎？約會也是這樣，你必須知道你將會採取什麼行動，這樣你就可以反其道而行。

我請蓋兒想像她以最焦慮的方式尋求約會，然後描述她可能會有什麼行為。以下是她想到的：

焦慮的約會看起來像：

- 臨時取消約會。
- 同意那個人所說的一切。
- 在我還沒有準備好時答應肉體上的接觸。
- 沉迷於應用程式推播的訊息。
- 自己不思考而徵詢朋友的意見。
- 迴避艱難的交談以拖延不可避免的事。
- 不誠實地欺騙他人。

當蓋兒反其道而行時，突然間，她的新冒險有了一張指導原則的清單：

成熟的約會看起來像：

- 遵循我的計畫。
- 分享我的想法，即使是不同的想法。
- 在我還沒有準備好時說不。
- 限制自己使用應用程式。
- 在徵詢他人的意見之前自己先思考。
- 必要時進行艱難的對談。
- 當我不感興趣時仍展現尊重與誠實。

現在蓋兒有一張她想在約會的世界中如何運作的路線圖了，她的工作不是讓每個人都喜歡她——這讓人鬆了一口氣——她只需要堅守這些原則就行了。簡單吧？呃，也許不簡單。如果你是個單身的壞胚子，也許還比較容易堅守原則，但是多了另一個人攪局，把持自己的遊戲就真的開鑼了。

請回電

蓋兒發現和她約會的「氪星石」（Kryptonite）很平凡——也就是她的手機。她比較能夠在約會時保持誠實並相信她自己的想法了，但是當約會來到與男士通訊的那一步時，她的焦慮仍然頑固地掌控大局。如果約會愉快，接下來的二十四小時裡，她就會和她的手機黏在一起，等待對方的簡訊，或對方透過應用程式傳來下次約會的訊息。

一個人可能會想在新戀情出現時保持冷靜與自制，但科技往往使我們無法專注於自己。我們的手機和社群媒體使我們對這個新認識的人投以雷射般的專注力。

約會後的煉獄看起來像：

- 頻頻上網搜尋某人。
- 挖掘他們過去在社群媒體上所發布的訊息。
- 查看他們是否登入應用程式。
- 發簡訊給朋友分析上次的約會。
- 檢查他們是否看了你的簡訊或貼文。

這樣做可能會使你產生焦慮和微微發怒：某某人有空在**推特**上分享一段羊咩咩的視頻，卻不回覆你的簡訊？不知不覺已到半夜三點了，而妳還在**臉書**上剖析他們上一次和前女友一起去墨西哥旅遊的照片，心裡嘀咕著妳划船時看起來是否也會那麼性感（可能不會）？當你喜歡一個人時，你可能會花很多時間想像那個人正在想什麼、說什麼，或做什麼。而且，如果不小心，你會開始把這些想像都認為是真的。

蓋兒正是這樣。她會和一個她真正喜歡的人出去，但是當他沒有立即傳簡訊或打電話給她時，她會很快對他失去耐性。如果她發現他在約會應用程式上動作頻頻，她甚至會暴怒。這當然很可笑，因為她自己也登入應用程式並和其他人交談。約會後的煉獄讓她很不舒服，導致她發脾氣並刪除聯絡人資料，以免被消失或被甩。她為她的情緒受到這些陌生人強烈影響而感到尷尬。

蓋兒說服自己，她必須放慢腳步，學會等待。任何關係都無法在短短一個星期內鞏固，更何況二十四小時。因此，當她開始和某個她真正喜歡的人見面時，她規定自己事後只能發一通禮貌的簡訊，表達她很愉快，並希望有空能再見面。然後她開始等待，用種種方法分散她的注意力。她打電話給她的母親，她預習她的課業，但都沒什麼效果。於是她來接受治療，求我醫治她的焦慮症。她如何才能平靜下來？

我們經常在焦慮的情況下想方設法擺脫焦慮。這樣很好！練習健康的行為有助於你管理焦慮。但我不確定你可以在產生焦慮的情況下強迫自己降低反應。忍受不熟悉的形勢，和你練習成熟並知道你不會死一樣，都需要時間。當你做一件有風險的事時——譬如容易受一個可能會拒絕你的陌生人影響——一定會有焦慮，這時我們就會很想退回使我們陷入困境的舊習性。

當對方沒有立即回覆簡訊時，蓋兒用來降低焦慮的最快選項是：

- 氣憤地發簡訊質問他為什麼不回信。
- 不斷要求朋友保證她會接到他的回音。
- 完全停止約會。

這些舉動都是她的自動反應，而關閉她的自動反應肯定會使她**更**焦慮，但那種焦慮是一種跡象，顯示她正在遵循自己的原則，她的內部那個成年人已接掌大局，不讓那個嬰兒主導一切。

蓋兒不會永遠注定她在約會時會感到極度焦慮，這只是她在學會如何約會和等待某個人的回音之際所短暫增加的焦慮。堅守你的原則過生活確實比較容易，但那需要時間，她能做的最多也只是照顧她自己，盡量不要把注意力全部貫注在那個人身上，然後等待結果出現。

重新定義成功的約會

那麼，蓋兒和那個人的結果如何？他最後還是發簡訊給她了。他們持續見面，他也持續保持一會兒消失、一會兒出現的神奇行徑。經過幾次約會後，蓋兒告訴他，長時間沒有他的消息令她感到困惑。她說她要尋找的是戀愛關係，如果他壓根沒興趣，那麼他們只好分道揚鑣。那個人果然就跟她分手了。他很可能仍在國會山莊附近的酒吧出入，以他超然的姿態激怒女性。

按照世間的定義，這一連串互動注定要失敗。蓋兒不曾說服一個男人停止猶豫不決並看到她的優點，但這不是蓋兒的責任。我猜想她應該會盡快把話說清楚，以避免長達數個月的挫折感。我們往往害怕因為分享我們想要的和我們不能接受的，而把對方嚇跑，但是當人們最後不得不進行這些對話並發現婚姻無望時，我會說這種結果是個巨大的成功。

包溫理論中提到一個概念：通常人們最終會和區別水平或情緒成熟度與他們相當的人在一起。所以，如果你想和成熟度不同的人約會，這些約會大多數不會成功是合理的。這樣可以幫助你減輕被拒的感覺與更加客觀。

當你開始定義成功的約會就是堅守你的原則時，你會把焦點重新放在自己身上，這樣通常就能使你冷靜下來。這並不表示你必須立即取得勝利，但它確實意味著你可能最後會跟一個成熟度與你相同的人在一起。性感，對吧？

你的問題

觀察

- 約會焦慮對我來說是什麼樣子？
- 什麼時候我在約會之後會變得過於專注他人？
- 什麼時候我從一個戀愛角色迅速掩蓋真實的自我？

評估

- 我會為成熟的約會下什麼定義？
- 我需要和我愛戀的對象更明確地溝通什麼信念與價值觀？
- 當我忍不住迷戀一個我愛的人時，我希望能記住什麼智慧？

阻斷

- 我如何練習在約會時更專注於自我？
- 我如何在約會時關閉焦慮的自動反應？
- 有什麼方法或什麼人可以幫助我在約會時做最好的自己？

你的練習

無論我們是否約會，我們都很樂意縮小自己使別人喜歡我們。你在你的同儕當中是否持有罕見的政治見解或宗教信仰？你是否不願承認你擁有「比佛利嬌妻」（Real Housewives）加盟權的豐富知識？花幾分鐘時間，快速列出你為了獲得另一個人的愛或認可而隱瞞、說謊的每一個信念、興趣、價值觀或特點。檢視這張清單，考慮一下，你如何更適當地對新的戀愛對象或現有的關係定義你自己。

第八章

愛情

為一個人而得罪眾人，不正是愛情的本質？

——伊麗莎白，《簡愛》

馬可仕與莎拉關係緊密，我是指實質上的緊密，因為他們同住在一間四百平方呎的公寓裡。馬可仕三十五歲，是一家餐廳的經理，他來諮商是因為他相信他會在四十歲以前得心臟病。他告訴我，他對健康的隱憂經常影響他的工作與關係。馬可仕長期飽受餐廳高營業額的壓力，並且抱怨他交往三年的女友不支持他的事業目標或他的健康目標。女友想結婚，但他不確定他是否願意給她這個承諾。

馬可仕與莎拉在朋友的終極飛盤團隊中認識後立即擦出火花。幾個月後，莎拉搬進他的公寓，經過三年，他們大部分時間仍然廝守在一起——他們一起通勤上班，一起吃午餐；當他們不在一起時，他們經常透過簡訊互相聯繫。在外人眼中，他們像一枚小豆莢中的兩顆青豆仁一樣。

雖然早過了蜜月期，馬可仕仍然發現，當莎拉不在他身邊時他會越來越焦慮，當她和公司的男同事歡聚時他會變得偏執；反過來，當馬可仕與他的大學室友見面而莎拉不在場時，她也會抱怨。他們會為此吵架，然後她會登入他的 iPad，查看他是否對朋友抱怨她。

由於這種緊密無間，馬可仕與莎拉也開始互相激怒對方。當馬可仕因為工作加班而疏忽了他應該分擔的家事時，她會指責他，或氣憤地在廚房內乒乒乓乓洗碗而不理會他；馬可仕則指控莎拉破壞他的飲食健康，因為她會買一大堆垃圾食品帶回家。「家裡一堆多力多滋，我不可能達成我的目標！」他大聲斥責她。吵過之後，他們會各自找自己的朋友與治療師訴苦，直到冷靜下來，然後又恢復經常聯繫。

停止抱怨

人們在諮商時往往高度聚焦在他們的伴侶身上。他們會在第一次諮商時就像檢察官作最後的陳述般，分類數落伴侶的缺點。由於焦慮使我們專注於他人，因此我們擅長數落伴侶的諸多缺點。你可能將他們忘記把垃圾拿出去，或遲到時忘了先發簡訊通知你的次數記得清清楚楚，但你沒有找他們一起觀賞《權力的遊戲》影集那件事早已被你忘得一乾二淨。由於你很容易看到伴侶的缺點，當你的大腦在拼湊誰有錯時，這些缺點便提供很好的證據。

馬可仕發現他很容易將他不健康的習慣歸咎於莎拉。莎拉雖然喜歡吃垃圾食品，但她的身材保持得很好，這使他缺乏安全感。她花很多時間在她工作的健身房運動，當他為自己的運作趕不上「她的水平」而感到內疚時，他通常會找碴和她吵架。莎拉會在清晨出門跑步，但馬可仕因為在餐廳的夜班工作時間很長，筋疲力竭無法早起，並在心理上打擊自己。

那麼，馬可仕如何選擇管理他對健康的焦慮？他要求莎拉不要再約他一起去運動：「當我拒絕時，我會覺得妳在評斷我。」他也要求她停止買她愛吃的零食，並且不要在她的沙拉上撒起司：「如果我們要健康，我們必須認真做！」

我們經常要求別人改變來解決我們的不安全感，這突顯了專注他人的焦慮——「如果你停止做××，我就沒事了。」我們依賴他人來填補我們自己成熟情緒的缺口，當我們做不到的時候，他們就應該多做一點。但是，如果能把怪罪他人翻轉為對自己挑戰——不要責怪別人，轉而開始對自己的焦慮負責——這樣對你會有幫助。我稱它為「轉責備為要求」的練習。

讓我們來練習！

責備：如果你多多鼓勵我，我就會去應徵那個工作，錢德拉！

要求：我對我的職涯決策負責。

責備：如果不是你吃一個貝果要花上十年，我會準時到的，史帝夫！

要求：我自己負責什麼時間到公司。

責備：你一直看「英國烘焙大賽」，我怎麼可能靜坐！

要求：當我需要專注時，我可以離開房間，或者戴上耳機。

這並不表示你不可以談論你的伴侶的行為，或是你可以理所當然地被某個人不公平對待，而是當責任界限模糊時，我們立刻讓別人來掌管我們的命運和運作。因為事實上，減少對伴侶的責任、增加對自己的責任，通常就能使事情平靜下來。事情平靜下來，自然就會增進親密關係，你的整體運作水平也可以提升。

你是獨立的人，還是關係中的污點？

當你和你的伴侶同居時，你很容易把他們視為你的延伸而非獨立個體，情緒與責任的界限通常模糊不清，很容易陷入過度運作或運作不足的動態中。你也許會發現，如果你的伴侶焦慮，你不可能冷靜，反之亦然。因此，你的焦點會轉向使他們冷靜下來，而不是使你自己冷靜下來。莎拉和馬可仕就是這種情形，他們各自努力作個有區別、獨立的人，但兩人合起來卻變形為一個關係中焦慮的污點——我們姑且稱它為「莎可仕」（莎拉與馬可仕名字的組合）。

莎拉盡力保有一份全職工作，每週只工作數小時擔任有氧飛輪教練，但房租與帳單大部分由馬可仕負責。他認為，如果他一直強迫莎拉去找工作會引發激烈的爭吵，而他的工作很累，沒有精力去處理這種抗爭，繳清帳單暫時息事寧人比引發焦慮與關係危機更容易些。

同樣地，莎拉也畏懼馬可仕對健康的敏感性。她開始在早晨獨自悄悄出去運動，以免惹他不高興；她還把她的零食藏在她的車上，或趕在他下班回家以前把它遮蓋起來，免得他又罵她破壞他的飲食。兩人都小心翼翼迴避對方的敏感，不想驚動這個「莎可仕」。

如果是個局外人，很容易會對馬可仕說：「老兄，別再為她花錢買那些東西了！」或者對莎拉說：「想吃什麼儘管吃，他的問題讓他自己去解決！」但是，要把一個關係中的污點分成兩個人不是件容易的事。

當馬可仕開始想解開他們的緊密連結時，我問他：「你想如何減少你對莎拉的責任？」他列出以下這幾項：

- 我想告訴她，我不會再幫她付電話費了。
- 當我和我的朋友聚會時，我希望她能控制她自己的情緒。
- 我不想在我忙碌的時候立即回覆她的簡訊。

這些是馬可仕可以追蹤的有形任務。它們當然會使莎拉感到難過，但一段時間過後，它們會使馬可仕恢復一些精力去追求他自己的目標。「你想如何利用這多出來的精力為自己多承擔一些責任？」我問他。

- 我想花幾分鐘時間先舒緩壓力，這樣我吃飯才不會狼吞虎嚥。
- 當莎拉吃垃圾食品時，我希望我能控制自己的情緒。
- 我想提早十五分鐘起床，這樣我就可以走路上班。

馬可仕透過減少為莎拉運作以及更關注自己的職責，開始學習增強自我。他學會區分成為一個支持的伴侶，以及管理莎拉的問題使事情平靜下來之間的差異。如果她的工作有問題，他會做個聽眾，不會嘗試替她解決；如果她抱怨她的信用卡帳單，他不會提議幫她繳清。這樣經過一段時間之後，馬可仕開始發現，當他更關注自己的身心健康之際，莎拉也開始更專注她自己的責任。「莎可仕」逐漸失去力量，兩個有能力的個體逐漸顯現。

陷入一種循環

當馬可仕開始為自己而努力，並讓莎拉也為她自己而努力時，他發現他對自己的未來有更多的思考。莎拉在他的這些思考中沒有占顯要地位，但他不敢問她是否有同感。馬可仕承認，有許多個夜晚他與莎拉一起在家時，他們會吸菸或喝酒以抒解緊繃的情緒，但他們又會恢復成互相指責模式。當他們喝酒時，馬可仕會抱怨她倒太多酒給他。酒精會使事情冷靜下來，但最後又會使他們產生怨懟。他們會爆發爭吵，然後各自找自己的朋友訴苦，事情過後兩人再度和好並恢復冷靜，但每一次

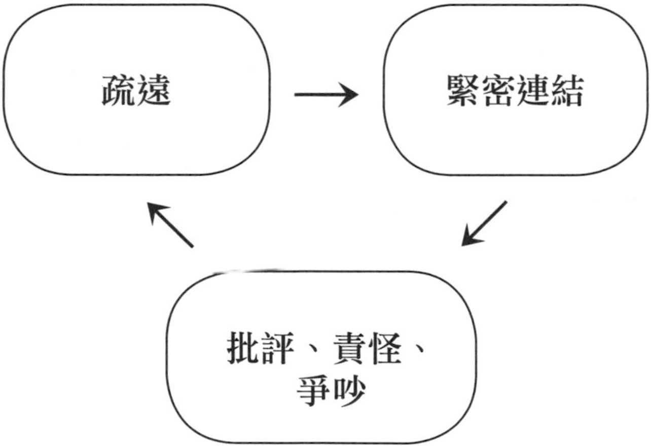

他們都會焦慮地重提他們真正關切的問題。他們擔心嚴肅的對談會使他們結束這段關係，因此他們陷入一種由緊密連結、衝突及疏遠交織而成的循環。

人們有可能被困在這種循環中長達多年。在這種關係污點中持續緊密連結，會使你對另一個人過敏，一點點煩惱都會引發爆炸性的爭吵，又或者和其他人接觸就能導致對方產生有欺騙嫌疑的偏執。為了管控焦慮，人們通常會求助於他人使自己平靜下來，因而建立三角關係。這種三角關係可能牽涉到外遇、對朋友訴苦，或甚至找治療師諮商。一旦這些局外人協助他們控制焦慮，兩人都冷靜下來後，又恢復緊密連結，於是再一次陷入同樣的循環。

值得注意的是，緊密連結不等於親密。馬可仕與莎拉自欺欺人地以為同居與經常聯繫就等於關係穩固，其實不然。他們經常聊天，但他們沒有溝通；他們利用行為、酒精和其他人來管理他們的焦慮，這些策略使他們的關係維持在生活上的支持，因此雙方都不願意最終分手。

什麼是愛情？

所以，如果目標是兩個人都像有能力的個體那樣運作，那麼戀愛呢？電視影集《慾望城市》中的凱莉．布雷蕭所說的「荒謬、不方便、強烈、不能沒有彼此的愛」，充其量只是個謊言嗎？嗯，有一點。人們一直都在沒有彼此的情況下生活：我們的伴侶遛狗時不會帶著我們；他們自己一個人出差；有時他們會跟我們分手，或甚至死亡，但我們仍活著。當然，一對結褵九十七年的老夫妻在二十四小時內先後去世是件令人感動的事，但我們大多數人都想要戀愛，同時也要有韌性。

人類是離不開關係的生物，我們不會想獨自一個人在這個世界中生存。我們真的需要彼此來建立家庭，或生兒育女，或獲得安全感，那是一件很棒的事！但我們同時也是一個個體。我們登山、寫作、醫治疾病，我們有我們自己的目標與興趣。焦慮比較少的愛情是在這兩種偉大的力量——個體狀態與親密——之間取得平衡。伴侶必須在一起工作與遊樂，但同時要彼此互相尊重，如果不能做到這一點，他們最後會成為兩個整天都在試圖安撫對方的人。

馬可仕與莎拉太專注於維持平靜的關係，以致遲遲未能分享他們個人想要的東西。但透過努力在兩人的關係中增強自我之後，馬可仕慢慢進展到與莎拉展開認真的對談。一天晚上他請莎拉坐下，婉拒了他通常會接受的大杯葡萄酒，然後分享他想要一個可以分擔家計的伴侶。他告訴莎拉，他不想繼續待在華盛頓特區，他想自己開餐廳，而且他現在不想要孩子。

你可以猜想對談的結果。馬可仕和莎拉明白兩人對未來與婚姻各有不同的期許，他們明白，雖然他們彼此相愛，但兩人都不是對方想要的長期伴侶。經過幾次傷心的對談後，他們分手了，馬可仕搬出他們狹小的空間。

我分享這個故事是因為我認為它是成功的，它不是失敗。在一段關係中建立更堅強的自我感並不表示這段關係會成功，但它會給你更大的機會去尋找焦慮較少、個體狀態與親密適度平衡的關係。我們需要彼此，但我們也需要自己。

你的問題

觀察

- 什麼時候我會責怪我的伴侶而不是要求自己負起責任？
- 當我焦慮時，我如何讓我的伴侶為我運作？
- 什麼時候我會找第三者談，而不是直接找我的伴侶？

評估

- 在我的關係中對自己多負一點責任會是什麼情況？
- 減少為我的伴侶負責會是什麼情況？
- 我要記住什麼智慧才能在關係中成為最好的自己？

阻斷

- 我如何才能阻斷我在關係中的自動行為（如：運作不足與三角關係）？
- 這個星期我能做什麼來為我在關係中的焦慮負責？
- 我有什麼即將到來的機會，可以練習在我的戀愛關係中成為一個更獨立的人？

你的練習

當有人愛我們時，他們會想幫助我們，使我們很容易開始運作不足，並且讓這個關係中的污點接管一切，尤其是當我們承受壓力的時候！花一點時間，列出你最容易讓你的伴侶為你做的事。這段時間以來，你有什麼能力生疏了嗎？你從未學會做什麼？你喜歡自己有能力換輪胎、煎蛋捲，或使自己平靜下來嗎？其次，另外列舉你想學習或重新學習的所有技能，以便你可以在你的關係中成為一個能幹的個體。沒有比這更迷人的了！

第九章 交友

「和不使用冗長艱澀的語句，只使用簡短易懂的語句的人交談比較有趣——例如：「中午吃什麼？」」

——小熊維尼

米拉來諮商是因為她感到疲憊與寂寞。她是研究歷史的一年級博士生，對豐富的社交生活充滿期待而來到華盛頓特區。二十三歲的她剛從鄉下的大學畢業，她想像中的夜生活是光怪陸離的酒吧內坐滿逗趣的知識分子與迷人的城市居民。但米拉的焦慮還不止這個，她對新的異想生活的高度期待被現實吞噬了，她為自己強烈期盼忠實的朋友會像她在最喜愛的電視節目中看到的那樣坐在她腿上而覺得自己很愚蠢。

米拉的研究所同學都是激烈競爭與焦慮不安的人，自然幫不上忙。他們都心知肚明，有一天他們會為寥寥可數的學術工作而相互競爭。當他們聚在一起時，他們抱怨他們的教授和他們的工作量。她每天回到家都鬱鬱寡歡，找不到安全的避風港。她的四個令人生畏的室友似乎都像典型的華盛頓人——她們工作、運動、喝酒都像專業人士。無論在什麼地方，米拉都覺得自己彷彿不夠聰明，找不到人跟她一起出去玩。

因此，很自然地，米拉開始接受她的焦慮給她的建議：**放棄社交！**那年冬天她深居簡出，課程閱讀退居次要，她躺在床上重複觀賞她最喜愛的節目。這種拖延進一步加深她的疑慮，懷疑她自己是否值得繼續進行她的學術研究計畫。她也開始在室友身邊感到不安，她不敢在她們共用的廚房展現她蹩腳的廚藝，改而在晚上買外帶食物回家而幾乎花光她的銀行儲蓄。她以睡大覺度過週末，並且不回覆老朋友的電話。米拉很消沉，而研究所通常是最糟糕的原因。

當米拉來諮商時，她知道她需要的東西很簡單——其他人。她懷疑她不可能在一個精心架構的泡沫中讀完研究所，她渴望過去和大學室友共同體驗的那種生活，一個小小的學生團體與鄉下背景彷彿磁鐵般驅動他們。現在她面臨挑戰，學習像一個成年人那樣交朋友，這使她感到極度不安。

焦慮與友誼

人際關係和我們的心情、我們的健康，以及我們的行為有密切的關係，一個穩固的朋友圈能降低你的疾病、離婚，甚至死亡的風險。與朋友互動能帶給你一種腦內啡的快感，它能增強你的免疫系統，降低焦慮，並釋放催產素——一種重要的、有助於抑制憂鬱的鏈結荷爾蒙。尤其是女性似乎比男性更需要這種連結。研究結果顯示，女性每週至少與朋友見面兩次就能得到這些好處。

當我們讓焦慮來主導我們成為什麼人，以及我們與朋友或潛在的朋友的互動方式時，我們會錯失使我們感到清涼的腦內啡和感到舒適的催產素。焦慮是人際關係的稀釋劑，它會在我們力謀使事情保持平靜並在我們的掌控之下時，沖淡我們的友誼。

米拉的焦慮主導她生活中的一切。她認為她遇到的每一個人都比她更有成就，或比笨拙的她更優秀。她的焦慮推動她的大腦直接回到她的高中時代，那時候的社會等級是難以穿透的。由於模糊了現實又加深這種恐懼，她的焦慮使得建立友誼似乎是一件不可能的事。

幸好我們比我們的焦慮更聰明也更有創意。還記得我們在〈第五章〉中討論的四個可預測的策略嗎？它們不僅對我們的家庭有效，我們還可以將它們運用在我們現有的友誼與未來可能建立的友誼上。當你可以觀察到它們時，你絕對可以阻斷它們。

米拉開始觀察她和她想結交的朋友的運作方式，發現自己擅長利用三角關係與距離來平息事情。

三角關係

不穩定的友誼通常透過三角關係來穩定，例如當對談逐漸變得無趣時，你們或許會開始聊另一個朋友的戀愛八卦。友誼也許建立在你們彼此都討厭某些同班同學、公司同事或甚至某個演員之上。不信的話，不妨抓個朋友，看你們兩人把話題轉向第三者之前可以針對彼此的事聊多久。很難，對吧？

米拉可以看出她與她的博士班同學的友誼就像一張兩條腿的凳子——不聊第三者的閒話就不會穩定。他們的校園友誼基礎建立在彼此都討厭他們的教授上，午餐的交談也多半在取笑那些演講很糟糕或時尚品味有問題的人。當有趣的事都聊完了，他們就開始抱怨他們的工作量或黯淡的就業前景。米拉雖然喜歡這一刻，但這些聚會總是讓她感到煩躁。她完全不了解她的同學，而且她猜想他們也不特別想了解她，她眼中的他們都比她富裕與聰明。也許研究所內的混亂與不滿氛圍是維繫他們同窗情誼的唯一因素，但這不是友誼，這叫有志一同。

距離

「距離」是管理友誼中的焦慮或潛在焦慮的一個常見策略。也許你只有在喝了一杯酒之後才能結交新朋友，你在社交場合也許為了安全起見只談論天氣或工作。如果你真的熱愛氣象，那麼你得把自己打昏，否則你可能會因為怕被拒絕或不被認同而掩飾你真正的興趣、熱情與想法。

我們閃躲、迴避、擊退被別人看到的方式多到不可勝數，也許你會利用諷刺，或者像世界盃守門員那種方式阻擋讚美。當我們與人保持距離時，我們的偽自我會努力工作，使我們看起來好像很酷，或不像真正的我們那麼酷。所有這些疏遠的工作會使我們變成乏味與冷若冰霜的人，你雖然可以靠打安全牌而認識許多「熟人」，但不可能結交真正的朋友。

米拉是和潛在朋友保持距離的大師，她以躲在房間內或逃避社交活動來建立有形的距離，但她也以拒絕分享她真正的想法或興趣來建立情緒的距離。她讓她的熟人主導他們的談話內容，即使這些內容無聊到令她想哭；但當她提出一個不扎實的意見時，她又會為她的大膽想法而道歉。

米拉同時也以婉拒關心她的人的協助，以此與人保持距離。當她食物中毒時，她甚至無

我們如何管理友誼中的焦慮

三角關係	• 閒聊、談論八卦 • 發洩、抱怨 • 推諉責任 • 批評 • 歸咎他人 • 需要一個緩衝者來打發時間
過度運作/運作不足	• 總是主導一切 • 提供建議 • 不斷安慰 • 總是讓別人作決定 • 依賴保證 • 假裝無助
衝突	• 從鬧劇中求勝 • 專注於缺點上 • 認為其他人是問題所在 • 堅持其他人必須改變
距離	• 只談表面話題 • 藉由諷刺的方式 • 喝酒或使精神亢奮 • 不理會讚美 • 臨時爽約

法請人陪她去急診室，然而她卻可以在負擔不起的情況下，眼不眨地在餐廳第一個搶著付帳，或主動提議為一個事實上堪稱陌生的人照顧寵物一個月。她樂於跨越朋友與聽話的人之間的界限，卻又保持戒心，在她自己和其他人之間築起一道防衛的藩籬。

久而久之，她的安全自我與她的真實自我之間的鴻溝越來越大，令人有無法跨越的感覺。

怕展露脆弱的一面

焦慮管理行為能吸走我們所有的友誼能量，使我們幾乎失去自我，有的只是反常的放鬆。在一種以閒聊或嘲諷為基礎的友誼中，或任何時刻都可能爆發衝突的友誼中，你不可能有脆弱感。

截至目前為止，我們已談了很多有關自我或個人的運作，但為自己多承擔一些責任並不表示你必須過上隱士的生活，也不表示你永不需要向他人求助。事實上，它能增強你在你的友誼中變得脆弱的能力，它也能給你勇氣，在你需要時依賴別人。更有區別的人能分享他們的想法、信念和興趣，即使朋友不同意他們或不了解他們也一樣。

那麼，什麼是脆弱？有「脆弱大師」之稱的布芮妮．布朗博士（Dr. Brené Brown）給它的定義是：「不確定、風險與展露情緒。」焦慮使我們無法在我們的友誼中冒這種風險，焦慮會希望我們維持現狀。所以，如果你總是和你的朋友談論足球，你的焦慮絕對不會認為你應該提到你父母離婚的事；如果你是個經常負責策劃同學會的高中生，你的焦慮不會讓你請假，由別人來承擔這個重責大任；如果你是你朋友圈中唯一的保守派，當你的自由派朋友在議論政治新聞時，你的焦慮會叫你閉上嘴巴。

如同我在前面所說的，問題不在於這些策略是否健康或不健康。更好的問題是：你付出了什麼代價？當你傾聽你友誼中的焦慮時，你錯過了什麼？也許是可以使你和一個熟人更接近的交流，也許是當你有需要時你能接受他人的協助，也許是你在拖延一段早該結束的友誼。當你問這個問題時，你可能會發現你百分之百害怕展露脆弱的一面。

占有空間

米拉花了一些時間觀察她的不安全感後，發現她準備用一些脆弱來嚇自己，但她已厭倦於拒絕讓她的真實自我存在於世間。她的焦慮要她抹煞可能導致尷尬或不贊同的任何部分自我，只留下一個接受他人的意見或行為，或退居幕後的人的空殼。難怪她感到沮喪。

「我只想占有一些空間！」她說。

我們一起想像米拉在她的友誼中占有空間是什麼情況，以下是她的一些想法。

米拉的友誼原則

- 當我度過辛苦的一天時我會誠實說出，並且不理會人們有什麼反應。
- 當我有需要時，我會請求協助並接受協助。
- 我會告訴新朋友我喜歡他們，並且希望與他們相處。
- 我會談論真正讓我感到興奮的事。
- 我會到處走動，就像我屬於這個世界那樣。

有了幾個堅定的原則後，米拉的焦慮自動出現的機率降低了。她突然有了其他的選項，不再只有三角關係或距離。她可以有不安全感，但不需要**以行動表現**她的不安全感。

米拉決定最容易下手的地方，是她的同學。她想和這些人開展真正的友誼——他們有共同的興趣，並且會黏在一起至少五年。結果，沒多久機會就來了。有一天，他們在下課後一起吃飯，交談迅速轉移到抱怨某個特定的教授。她的機會來了！米拉做了一個深呼吸，對坐在她旁邊的人說：「告訴你，我正在讀一本小說，我想你也許會喜歡它。」讓她意外的是，他很高興能改變話題。

受到她在學校獲致的成功鼓舞，米拉決定也要在家中占有一些空間。解決她不敢在別人面前展現廚藝的恐懼時刻到了。一個星期六下午，她買了做派的食材，然後占用廚房空間。不可避免地，其中一個室友在她笨手笨腳做派之際從旁邊走過。如果是在以前，米拉會完全放棄，或為自己把廚房弄得一塌糊塗而道歉，但現在她要做不同於以往她的焦慮要她做的事。她的心臟狂跳，然後她轉向她的室友，說道：「我真不知道我在幹嘛！如果妳願意的話，歡迎妳來幫忙。」一個鐘頭之後，她有了一個看起來不怎麼樣的蘋果派和一段開始萌芽的友誼。

在春季學期內，當米拉開始占有空間後，她又再度成為一個三維的人。當她感到寂寞時她會打電話給老朋友，即便她擔心會打擾到他們，但她不會在電話中一開口便說：「這個時間打來會不會不方便？」她相信別人有責任告訴她是否給他們帶來不便，或者如果覺得她很無聊就改變話題。

透過提高她在友誼中的區別水平，米拉在孤立與完全依賴之間找到一個空間。她可以冒險，也可以接受拒絕，當人們不回覆她的簡訊或似乎沒興趣認識她時，她不會有世界末日的感覺。她把她的精力集中在接受她的人身上，並學會不要怕告訴他們她想跟他們做朋友。這是非比尋常的勇氣，而且她幾乎總會得到正面的回應。畢竟，誰不喜歡被告知他們是有趣和值得認識的人？所有人都喜歡。

米拉也開始了解，她正在建立的成熟關係，比她過去曾夢寐以求的「生死與共」的虛幻友誼更珍貴。她曾渴望有一個會在半夜三點鐘打電話給她聊無關緊要的事情的朋友，但現在她很高興她的朋友是有能力的人。她需要的朋友是愛她與尊重她的那種人，不是那種覺得要為她的焦慮負責的朋友。

更有區別的人往往擁有更深厚的友誼與更多的友誼，他們可以有不同信仰或不同經驗的朋友，他們可以成為朋友的資源而不覺得必須對每個人負責。他們可以結交朋友和失去朋友，可以因為長大了不適合繼續當朋友，或因為長大了而發展成為朋友。它也許不會被拍成不朽的電視劇，但成熟的友誼不會讓人感到那麼疲憊，而且會更加有趣。你越專注於成為你想成為的那個人，你越能邀請可以接納你的人進入你的生命中。

你的問題

觀察

- 哪些焦慮的行為使我無法建立更充實的友誼？
- 交朋友時，我如何利用偽自我？
- 什麼時候我很難對朋友表現脆弱的一面？

評估

- 我因為焦慮而錯過什麼建立友誼的機會？
- 尋覓朋友時，我會想記住什麼原則？
- 我喜歡在我的友誼中多分享自己哪些方面？

阻斷

- 我即將有哪些機會致力於改善我對友誼的不安全感？
- 我如何才能建立更穩固的一對一友誼，減少依賴閒聊或發洩情緒？
- 當我對於認識新朋友感到焦慮時，我如何才能記住我的原則？

你的練習

我們有很多方法可以在我們的友誼中導入更多的自我，但這也許意味著你在面對挑戰時要更誠實。也許你喜歡多談一些你熱愛的事物，即使別人覺得它們很無聊；也許你不想繼續幫某個人飼養那隻可惡的貓，而必須請他們另外請個貓保母。選一個讓你感到高度焦慮的友誼，然後腦力激盪，找出你想占有空間而不是隱藏你真正想法與熱情的方式。占有空間與自私或卑鄙無關，它只是尊重你不想與人辯論或談判的那部分自我。

第十章

尋覓社群

我的生命本質的困境是我深深渴望歸屬感，以及我對歸屬感的疑慮。

——鍾芭・拉希莉（Jhumpa Lahiri）

菲利普為了在詩歌寫作方面有所進展而來諮商。他是個二十六歲的行政助理，生活狀態處於等待模式。為了逃離他在密西根的家鄉小鎮，他搬到城市住了兩年，每天除了看他的狗到處閒他隨手扔在公寓內的外帶食物容器外，他幾乎沒有公司以外的朋友。他沒有精力做任何事，夜晚他與失眠纏鬥，懷疑他是否應該另作打算，搬回家住。

菲利普告訴我，每次一想到未來，他就有一種癱瘓的感覺。他已經做了任何他該做的事——讀大學、存一點錢，然後搬出他父母的房子、找個新工作、搬到城市居住等等。但城市房租高得離譜，政府又要求他償還學生貸款，巨大的失落感吞噬了他寄出的每一份工作申請。菲利普有被困住的感覺，他的焦慮幾乎破表。

當我們以雷射般的專注力去關注我們真正想要的東西時，我們會忘記成長的方式不止一種。我問菲利普，他在等待展開事業之際，希望做什麼來增強自我感？菲利普告訴我，他真正想要的是加入詩社，他在大學主修創作，本科是詩歌寫作。

菲利普承認他對策發自己加入一個新的陌生團體感到焦慮，因為他有很多年沒有寫詩了，他們會不會瞧不起他？那些詩社會不會是一些閒閒沒事幹的怪胎所組成的大雜燴？這整個想法讓他有麻煩大於價值的感覺。

停止找藉口

焦慮是一種最能透過孤立與反芻而引發的情緒，當我們否定我們的社群時，我們會與深思熟慮和充滿熱情的人——這些人會挑戰我們最糟的信念——失去連結。但我們往往將社群視為一種奢侈，而不是建構我們的福祉的基本成分。

這種逃避社群的行為，通常顯示你的焦慮戴著自我否定的面具。因為你的焦慮愛找理由讓你遠離社群，它會提供沒有人限制你看電視和在床上吃披薩的自由；它會提醒你，你沒有衣服可穿，或提醒你下雨機率是百分之二十；它會拉出你的待辦事項清單，指出你有一堆髒衣服要洗，並告訴你現在不是你投入陌生地帶的好時機。在探索新的社群時，它很容易發展成「一旦……立刻……症候群」。想想看，你是否曾經利用「一旦……立刻……」為藉口來否定你的社群？

- 一旦工作穩定，我會立刻加入飛盤團隊。
- 一旦這個學期結束，我會立刻恢復宗教禮拜。
- 一旦我能獨力跑完五公里，我會立刻去探訪那個跑步團體。
- 我明年搬家，一旦安頓下來，我會立刻去當志工。

當我們將社群視為必須贏得的東西時，我們會忘記社群是我們學習對別人定義自己、成為我們想成為的那個人的地方。沒有社群，你不可能會有安定或平靜的感覺。社群是蛋糕，不是蛋糕上面用來裝飾的糖霜，但我們的焦慮往往告訴我們其他有的沒的事情。

菲利普和我討論他用來阻止自己加入社群的「一旦……立刻……」的藉口。他一直告訴自己，一旦他有了新的工作、明顯的腹肌，和一本寫滿新詩的日記本時，他會立刻加入一個寫作團體。當他說出這些藉口時，他意識到他把障礙設得太高了。他可以坐在家裡為他的未完成目標而焦躁不安，或者他可以照樣過他的生活，吃點蛋糕。他搜尋網路，很快就找到三個可能的詩社，但他不是單獨探訪那些詩社——而是帶著他的焦慮一起去。

社群是不完美的

把自己塞進一群陌生人當中需要相當大的勇氣，但露面只是個開始，當你抵達時，你可能發現社群是一個充滿焦慮、名為「人」的生物聚集的地方，而團體內的人的成熟度與焦慮程度各不相同。和我們的家庭一樣，任何團體也可能運用我們討論過的那些焦慮管理策略。衝突是不可免的，當人們不滿意一個成員或領導者時，三角關係就會出現。當他們不滿意一個決策時，他們會保持距離或斷絕聯繫，有些成員會試圖控制一切，其他成員則不願承擔他們的責任。

菲利普描述他參加過的幾場聚會，聽起來就像《金髮姑娘與三隻熊》（*Goldilocks and the Three Bears*）的情節一樣。他說，第一場聚會的場面亂糟糟，有些人因為詩作受到批評就怒不可遏，而且似乎沒有人負責統籌規劃；第二場聚會太嚇人！團體內有許多人擁有碩士學位，並且吹噓他們的作品即將付印出版。他離開第一場聚會時感到筋疲力竭，離開第二場聚會時則有不安全感。

菲利普沒有再去看第三個詩社是否適合他，因為他太消沉了。他的自尊心已在令人氣餒的求職過程中受創，而且他也無法預測當人們互相給予回饋時，他自己會有什麼反應。他的焦慮在找理由擺脫困境，並且從這些詩社中找到種種藉口。

當你加入一個新的社群時，先為你的焦慮反應預作準備會有幫助，畢竟你的焦慮的工作是在一個新的環境中嗅出潛在的威脅與冷落。但你的任務是降低誇大刺激的情節，堅持依據現實和有原則的思維，這樣可以幫助你決定一個團體是否適合你。

讓我們來練習！

情境：你參加一場宗教禮拜，沒有人過來跟你打招呼。
焦慮的思維：竟然沒有人欣賞我！我是個開心果啊！
有原則的思維：對我想認識的人自我介紹是我的責任。

情境：你拜訪一個地方政治團體，發現會議現場有點混亂。
焦慮的思維：必須予以控制才能拯救共和國。
有原則的思維：不是每一個人都像我一樣有效率，沒關係！

情境：你加入一支壘球隊，他們將你安排在左外野。

焦慮的思維：趕快爬到樹上，死也不下來！

有原則的思維：我是來玩的，不是要成為職業球員。

你不必強迫自己加入一個你討厭的團體，或繼續待在一個你已成長而不再適合你的團體。但你在作決定之前，必須先管理你的焦慮。

認識你自己

當你可以預測你的反應時，加入團體不是一件可怕的事。那麼，你會怎麼做？很容易，只要看你在家中的行為就能知道。如果你是家中的長子，喜歡指揮每一個人，你可能會在團體中承擔太多責任。如果你和你的父母有距離，當你有緊張或乏味的感覺時，你可能就會離開這個社群。如果你的家庭充滿三角關係，你可能會喜歡談論八卦。認識你自己，就是給自己一個改變行為的機會。

菲利普是家中的長子，他喜歡發號施令，不喜歡聽命做事。如果不能負責規劃家庭聚餐，他就不參加。他不能忍受別人沒有效率，但是當別人證明他們有能力時，他又備感威脅。因此，他拜訪這些寫作團體時感到不耐煩或有被攻擊的感覺並不令人震驚。日子好的時候，他也許可以咬著唇忍一忍做最好的自己，但今年日子艱難，他的自動運作很難控制，他的焦點都集中在其他人身上而不是他自己身上。他唯一知道的管理自己的反應的方法，是完全避免社群活動。

人們常說，一場集會、一個社團，或一個團隊，是他們從未擁有的家庭。但老實說，換團體並不會改變你的運作方式。我們不會因為不和周遭的人建立關係，就神奇地變成不那麼焦慮和更成熟的人。我們已被牢牢設定，無法透過簡單地換個團體就能阻斷我們的焦慮運作。在某種程度的壓力下，我們的自動反應機制就會啟動，你在你的無伴奏合唱團那裡，可能比你在你奶奶那裡需要花更多的時間。

還記得我們如何阻斷我們的自動運作嗎？是的，我們定義我們的原則！如同指導原則有助於你在家庭中的運作一樣，你對於你想如何在任何人群中表現自己也應該有一些想法。這裡有幾個例子：

社群原則

- 我會找一個我相信並認同其使命的社群。
- 即使是焦慮的時候，我也會持續關注這個使命。
- 我會界定我對這個社群的承諾並尊重它。

- 我會記住社群內部關係的挑戰是無可避免的。
- 我會嘗試管理自己的焦慮運作，而不是去管別人的焦慮運作。

你也許會覺得這聽起來太過頭了，畢竟，世界大事或人人津津樂道的醜聞不太可能動搖你的園藝社團的基礎？也許吧，但只要有人聚集的地方就會有緊張時刻。當你有原則地引導自己去穿越它們時，你會對於去應對這場鬧劇，或偶爾出現的混亂或自大的場面有更好的準備。

鄧不利多的軍隊

菲利普不是艾米莉・狄金森（Emily Dickinson），他知道他需要一個社群來增強他的自我感，但他必須先重新架構他如何看待自己在一個團體中的關係。他利用衝突與距離的策略來管理他在這個社群內的焦慮：也許至少要有一個人比他更有才華，這樣他才會處於防禦狀態（衝突），如果他認為這些人沒有才華或組織鬆散，那麼他會想離開（距離）。他厭惡任何方式的回饋使社群變得極不平靜，他需要設法和團體保持連結，但又遠離這些情緒。換句話說，他需要努力做到更有區別。

我建議菲利普把他的詩歌寫作團體想像成像「鄧不利多的軍隊」。在《哈利波特：鳳凰會的密令》中，妙麗和其他同學組成一個團體，以便霍格華茲的學生可以學習如何迎戰佛地魔。他們不是彼此互相競爭，而是分享面對共同敵人時應該具備的技能。誰比較厲害、誰是初學者，這些一點也不重要。

菲利普是《哈利波特》迷，他喜歡這種譬喻，因此他試著想像他的詩歌寫作團體是一個由許多人組成的團隊，團員在他們的創作旅程中可以互相支持與指導。他們的敵人是拖延或自我懷疑，或任何其他事情，但絕不是團員彼此。他把問題從關係中抽離，讓自己重新面對挑戰。菲利普明白，他不需要找一個總是讚美他，或像核子潛艇般運作的寫作社群，他只需要一群和他一樣渴望過創意生活的人的支持。

經過一番慎重考慮之後，即使經常有不安全感，但菲利普決定加入一個更有挑戰性的詩社。他要練習學會管理他的反應，但如果他堅守原則他就能成功。團體可以幫助他了解批評沒什麼大不了，而且，這反而使他感到求職這件事似乎不那麼絕望。他知道他終究會找到工作，同時又能享受生活與詩歌。

和家庭一樣，社群是另一個我們要挑戰自我、成為最好的自己的地方。畢竟，如果你與他人連結時不能做自己，你真的可以成為最好的自己嗎？這就是區別的工作。焦慮來來去去，但我們在一群人當中如何自處，這才是我們真正的定義。

你的問題

觀察

- 焦慮如何使我無法加入社群？
- 焦慮或不安全感如何影響我在社群中的行為？
- 我曾經後悔快速離開一個團體嗎？為什麼？

評估

- 在加入團體之前，問自己哪些問題會很有用？
- 我如何在我加入的社群中複製我的家庭動態？
- 我在社群中冷靜、成熟運作的原則是什麼？

阻斷

- 明年我想加入哪些團體？
- 我如何在一個不完美的社群中盡量使自己更自在？

- 當緊張情緒高漲時，我怎麼樣才能在社群中呈現最好的思維？

你的練習

當你考慮加入一個新的團體或社群時，可曾為「一旦……立刻……症候群」所苦？你的焦慮如何阻止你認識新朋友？它會斥責你不夠關注你的事業或你的健康嗎？它會提醒你其他社群總是讓你失望或排擠你嗎？花幾分鐘寫下你曾經用來否定你的社群的所有藉口，然後思考一下，加入社群可以為你的生活帶來哪些正面的影響？什麼焦慮的族群可以使生活變得更有趣？

讓我們複習《第二篇》！

《第二篇》談的都是如何控制你在人際關係中的焦慮，以下是我們學到的內容。

1. **了解你的家庭是個焦慮管理機器。**當我們把自己視為一個更大的關係體系的一部分，而這個體系是為管理緊張情緒而建構時，我們會因此而受益。透過觀察這個更大的體系，我們才比較不會去怪罪別人，並且比較可能看到我們在回應焦慮時所扮演的角色。

2. **了解群體用來平息事情的策略。**我們的家庭和其他群體會利用可預測的策略來管理焦慮，這些策略包括：距離、衝突、過度運作／運作不足，以及三角關係。每個人在這個情緒歷程中都有一部分責任，而且這個歷程往往是一種多世代模式。

3. **預測當你感到焦慮或不安全時，你會如何運用這些策略。**了解我們可能在我們的人際關係中使用哪些焦慮管理策略，我們就有更大的機會阻斷我們的自動運作。我們可以更客觀，並以更高的成熟度與冷靜回應那些挑戰。

4. **致力改善主要關係，使生活中的所有焦慮面都得到利益。**與父母和其他家庭成員聯繫能提供機會，讓我們在區別情緒和管理我們的反應方面盡力改善。你很難在這些關係中為自己劃清界限，但如果你能做到，就可以降低生活中其他方面的焦慮。

5. **持續定義你的原則，克服與他人的緊張關係。**要想取代焦慮的運作，你必須花時間定義你想在感覺不安全或威脅時如何回應。定義你在面對挑戰——如約會、交友，或在社群中運作——時的指導原則，對你會很有幫助。

6. **練習在你與其他人的關係中做自己。**一旦確立你的原則，你必須找機會在承受壓力或不確定的時刻實踐它們。這通常需要經過許多次的嘗試和許多失敗，但任何進步都能改變生命。

如果這些要點似乎讓你感到不知所措，那麼只要專注這三個動詞——觀察、評估和阻斷，了解當你感到焦慮時會作的自動反應，考慮你想成為怎麼樣不同的人，然後在你踉踉蹌蹌的榮耀中嘗試！

第三篇 你的焦慮的職業

第十一章

找工作

永遠記住，你絕對是獨一無二的，和其他每個人一樣。

——瑪格麗特．米德（Margaret Mead）

克里斯一直沒有告訴他的父母他已讀完研究所，因為他們會問，那為什麼他擁有博物館教育碩士學位卻在吧台當侍者？但他的確在研究所畢業十個月後去為觀光客斟酒，而不是將他所學的知識灌輸到兒童的腦袋瓜內。他對於離開學校後找不到工作仍有點緊張，但他安慰自己，他有很多同學的處境都和他一樣。等他來接受治療時，他的腦袋裡的安慰已經空空如也，他的焦慮告訴他，他所受的教育完全是浪費時間。

找工作是一件特別焦慮的事，因為得承受失業或就業不足的不安全感，銀行存款減少導致壓力上升，再加上家庭與社會對你的期待，你已為自己燉煮一鍋滾燙的恐慌砂鍋菜。更雪上加霜的是，大多數的求職程序都毫無人情味且令人惶惑——在網路上提交求職信，給人的感覺不像和另一個人溝通，反倒更像是送出一封瓶中信。

所有這些因素都使克里斯感到自己的被動與疲憊。他解釋他為何接受在夜間表演花式調酒，這樣白天他才有空去申請工作。大部分的晚上，他會把鬧鐘設定在早晨七點，這樣他早上就可以去咖啡店打工，但是天亮之後鬧鐘響起，他又會按下十幾次鬧鐘的貪睡鈕，等接近中午醒來時，排山倒海而來的罪惡感已使他減低展開行動的動機。

克里斯為他遲遲找不到工作而感到尷尬，只好一直對他的家人謊稱他仍在學校求學。他不再和對他同情皺眉的朋友一起出去，並且避開社交活動，因為人們難免會問：「你現在在做什麼工作？」這種孤立更加重他的自我批判，進一步使他每天早上賴在床上，而且他不知道該如何打破這種惡性循環。

進攻與逃避

克里斯在尋覓博物館工作的過程中，在進攻與逃避之間迂迴前進。他凌晨兩點從酒吧回家時已筋疲力竭、暴躁易怒，但他的焦慮使他保持清醒，花好幾個小時在半夜瀏覽徵才網站。他會狂熱地發送他的履歷，向他甚至都不想去的小地方的怪異博物館申請工作。如果發現一個工作似乎很有趣，但需要更多準備作業才能申請，他會立即產生挫折感，然後放棄。經過幾個晚上胡亂地申請之後，克里斯會轉換到他的早上賴床模式，等幾個星期過去後毫無進展，然後他又會恢復凌晨三點的危機模式。

進攻與逃避，或說是戰鬥與逃跑，是我們的焦慮最擅長的伎倆。面對怪物時，我們會採取胎兒一動也不動的姿勢，或盲目地揮劍亂砍。當我們不斷地對問題發動攻勢，然後不可避免地撤退時，我們很容易忘記也許我們應該嘗試帶它出去好好吃頓飯。當我們與挑戰面對面坐下時，它會突然讓你覺得似乎不那麼可怕。

我請克里斯用一些詞彙描述他的生產力在一百八十度大轉變中的過程。克里斯提出觀察、收集、衝刺、減速等等，我們後來決定用「接洽」（approaching）這個詞。「接洽」是有區別的求職者的風格，他能和挑戰接觸，但又不會被自己的情緒淹沒。「接洽」意味著做你的功課，知道你要什麼，並了解你要怎麼做才能達到目的。

克里斯研擬了一項計畫去「接洽」求職，並找到一處進攻與逃避的中間地帶。他不再在半夜三點工作或把鬧鐘設定在早上七點，改而安排在每天的午餐時間空出三十分鐘。如果順利的話他會延長時間，但如果感到焦慮，他容許自己停下來，他可以去散步，或洗個熱水澡，然後再繼續解決問題。他還會坐下來定義他想要的工作，這樣他就不會因為挑選而分心，或因為繁複的申請手續而感到灰心。

不久，克里斯開始有了一點小小的，但穩定的進展。他帶他的問題一起出去吃飯了。

進攻式求職	• 焦慮地瀏覽招聘啟事 • 申請不是你真正想要的工作 • 只有在感到恐慌時才工作 • 從應用程式找捷徑
逃避式求職	• 不收集適當的資料與資源 • 第一眼就排除機會 • 等待展開行動的完美時刻 • 當過程似乎令人氣餒時立即停工
接洽式求職	• 專注事實 • 了解並遵循你的原則 • 為求職過程空出合理的時間 • 忍受找到好工作需要時間的不舒服感

⑨ 尋求安慰與保證的麻煩

求職的焦慮感不僅會擾亂你的職涯前景，它還會滲透到你的人際關係。當你的朋友與家人感覺到你焦慮時，他們也會開始感到焦慮。他們不是先戴上他們自己的氧氣罩，而是以毫無幫助的建議或再三安慰與保證來砸毀你的氧氣罩。這種過度運作的嘗試通常適得其反，導致你和他們吵架或迴避他們。

克里斯正是這種情況。他的研究所同學好意地將他早已看過的招聘啟事轉寄給他，其他朋友則建議他仔細校對他不存在的求職信。他以社交聚會難免會聊到工作為藉口而不參加。克里斯持續對他的家人撒謊，因為他知道如果他的父母發現他仍在找工作，他們會很緊張。他的母親會重申不贊同他的職涯規劃，而他的父親則會盤問他的財務問題。

當克里斯逐漸疏遠重要的人際關係時，他的女友成為他唯一發洩心中憂慮的對象。他會在他們交談時不停地問：「一切都會好轉，對吧？我最終會找到工作吧？」起初，她很樂意安慰他，但她很快就厭倦於讓他平靜下來。她會斥責他，然後他指責她不支持。他要求她確保他每週寄出三封求職申請，但是當她聽他的話催促他時，他又變得暴躁易怒。

當我們對工作感到焦慮時，我們很自然會向我們最接近的人尋求再三安慰與保證。我們希望他們能豁免我們的罪惡感，或者預測我們的未來，但是當我們把自己對焦慮應負的責任推給別人時，我們會將衝突迎請到我們的人際關係中。人們會厭倦於扮演神職人員或算命先生的角色，而當我們要求別人告訴我們早已知道的事情時，我們會更難保持客觀。

克里斯持續觀察自己的焦慮行為，看到自己如何疏遠重要的關係，與女友相處時也顯得運作不足。他的挑戰是更接近他所愛的人，並多為自己負責。人們無可避免地會試圖安慰他，但是他越了解這是一種自動式行為，他就越不會有防備性的回應。那麼他應該如何回應呢？他開始研擬計畫，為他的人際關係建立一套原則。

克里斯的原則

- 我會傳達我正在做的事，不去管別人的反應。
- 當別人試圖影響我求職時，我會溫和但堅定地回應。
- 當我對就業感到焦慮時，我不會要求我的女友一再向我保證。
- 我會花時間評估我的進展，不會以其他人的反應為指標。

現在克里斯有一張路線圖來引導他與身邊的人互動了。他們為他的前途擔憂，尤其是他的父母，但他的工作是持續關注自己和管理自己的情緒，而不是依賴他的女友幫他滅火。

在面試中定義自己

找回過去用來迴避他人的精力後，克里斯才得以在求職方面有了一些進展。不久，他接到回音，並與幾家大型博物館安排時間進行電話訪談，但卻一直沒有再進入第二輪面試。他懷疑他的焦慮是罪魁禍首。

接受拒絕，把它交給你的焦慮，然後說：「你失敗了！」是件容易的事。你的焦慮會開始編一些奇怪的故事，說你是有史以來最沒用的人。但是當你接受現實而不是接受焦慮的想像時，你會發現被拒絕不是什麼大不了的事。它是一個讓你能更客觀地自省的機會，想一想你有什麼事情做得不錯，以及什麼事情可能需要花一些時間去關注。成功很少提供拒絕為我們帶來的自我改進的機會，因為當你得到你想要的東西時，又何必對自己下工夫改進？

克里斯花時間更客觀地評估他的求職時，他觀察到他的偽自我在作祟。當面試人員詢問他有關STEM（科學、科技、工程、數學）教育計畫時，他謊稱他很喜歡，並為博物館提供一大堆計畫，結果摔了個大筋斗。當另一個面試人員問到他目前的工作時，他沒有坦承他是吧台調酒師，而是含糊其詞地說他現在在當志工。

克里斯卑躬屈膝地試圖做一個他認為面試官想要的那個人，因而表現得極不真實、口齒不清和有點怪異。他決定，雖然他可以研究未來可能的雇主，但他也需要研究自己，於是他寫了幾個他有興趣的專案。漸漸地，他更清楚地了解為什麼他會選擇博物館教育領域，於是他寫了一張清單，詳細列舉他想在他的職涯中加強的技能，這樣他才能更明確地研究潛在的雇主，並刪除那些不符合他的目標與能力的雇主。

由於花時間對自己作了研究，克里斯才得以傳達這些重要的想法給面試官，而不是試圖應對他們對他的反應。他的工作不是小心翼翼解讀對方的意思或唯命是從，而是對可能雇用他的人明

↑ 自我	偽自我 ↓
知道你自己的信念是否與該組織的信念一致	**捨棄你自己的信念，與該組織的信念保持一致**
能客觀地評估你的技能	**偽造或降價銷售技能與知識**
傳達你的長期工作成長目標	**專注於當下得到認可**

確地定義自我。

我建議克里斯繼續努力，在他的職業目標以外的地方擴大他的自我定義。他不知道他要花多長的時間才能找到他想要的工作，但他越擴大他的人際關係與興趣，他的焦慮就越不可能主導一切。他接受我的建議，開始接近他的朋友與家人，同時也開始在一項課後輔導計畫當志工。

事實上，我們大部分生命都在等待下一個重大的事件，無論是工作、伴侶，或另一個夢想。但同時，我們是什麼人通常就是我們真正的定義，因為很多事情都不是我們能控制的。雖然你不會總是如願以償，但令人驚訝的是，冷靜下來定義你自己，通常能使你更靠近你想要的東西。

你的問題

觀察

- 什麼時候我的焦慮會在進攻與逃避目標之間反覆循環？
- 當別人嘗試為我解決問題時，我會變得被動嗎？
- 我的偽自我如何干擾我的就業目標？

評估

- 我如何才能接洽目標，而不是對它進攻或逃避？
- 減少依賴別人的安慰，對我來說會是什麼樣子？
- 申請工作與面試時，我的原則是什麼？

阻斷

- 我如何因應我對本週目標的不安全感？
- 我現在可以做什麼來更明確地定義我的職業目標？
- 我如何在努力爭取我想要的東西時擴大自我的定義？

你的練習

也許你現在沒有在找工作，但是和克里斯一樣，我們都有朝一個目標衝鋒陷陣，卻又彷彿著火般半途而廢的風險。對你來說，帶著你的挑戰一起「出去吃午飯」會是什麼情況？不妨腦力激盪一下，構思一些策略，使你盡力達成目標的工作成為一種享受，而不是一個夢魘。

也許你只要寄出一通電子郵件，或印一些資料，然後吃點餅乾就能輕鬆解決，因為你值得擁有好事情。或者，你可以找個朋友安靜地一起工作。一旦降低焦慮，你會驚訝地發現，你有多少精力去取得真正的進展。

第十二章

你的可怕的老闆

我對你無能的細節不感興趣。

——米蘭妲・普瑞斯特利，《穿著 Prada 的惡魔》

摩根正經歷她最可怕的噩夢。三十歲的她是一個遊説集團的成員之一，她發了一封簡訊給她的同事，抱怨她的老闆半夜兩點發電子郵件給她。「如果真的有道理也就罷了，我不介意半夜三更收到喬安娜的電子郵件，」她在簡訊中寫道，「但巨型字體是怎麼回事？她是在嚇唬我們嗎？」

摩根後來嚇壞了，因為她不小心把那通簡訊傳給她的老闆而不是傳給她的同事。（我知道！）現在回想起來，讓我印象深刻的是她決定來接受治療，而不是立刻搬到西伯利亞。

第二天，摩根的老闆把她叫進她的辦公室，對她發表了有關專業精神的長篇大論，使滿臉羞愧的摩根恨不得融化到地毯底下。她答應喬安娜，以後有任何問題她會表達出來，不會對同事抱怨。但經過這次面談後，摩根越來越痛苦。她討厭喬安娜那副看似「高人一等」的態度。她不過是傳錯一通簡訊，過於敏感的是喬安娜才對。喬安娜一直有焦慮妄想症，很擔心被大老闆開除，而她最愛的小人總是向她打同事的小報告。她很少為摩根表現出色而向她道賀，她甚至連如何掃描文件或到 Google 網站搜尋問題這種小事都不會，但她的薪水卻是摩根的兩倍！——至少可以這麼說，摩根焦慮地專注於她的老闆。

人們說，一個好老闆或壞老闆可以製造或破壞工作經驗，但真正的壞人也許比我們想像中來得少，大部分老闆都和我們一樣，只是不完美與焦慮的人，但因他們能決定我們的命運，所以我們會仔細研究他們是否有任何危險跡象。這種焦慮的關注能讓我們記錄他們的缺點，只要看到過失，我們就會找機會為我們的焦慮而怪罪他們。

你的工作場所是一個情緒系統

和你的家庭一樣，你的工作場所也是一個複雜的情緒系統。人們不斷以可預測的模式行動與反應來管理壓力，你會一次又一次看到你已學到的四個策略：距離、衝突、過度運作/運作不足，以及三角關係。

一間都是成熟的人的平靜辦公室不會如此倚賴這些策略，但一間充滿反應和不成熟的人的辦公室，就算是一件簡單的事——好比從販賣機取出 Sour Patch Kids 軟糖——都可能引發騷動。大多數人會發現他們的工作場所介於這兩種極端之間，會有一些更有區別的人和一些不太有區別的人，壓力事件此起彼落。

摩根過於專注於她的老闆，以致陷入因果關係思維中。她無法看到她的辦公室充滿焦慮的人，包括她自己。如果摩根能看到這個更大的系統，她就不必為自己的焦慮找一個壞人來責怪。因此我鼓勵她將她雷射般的焦點暫時離開喬安娜，觀察整個辦公室如何運作，尤其是在壓力大的時候。她與老闆的衝突只是一個各盡其職的大體系中的一小部分，當她以觀察的眼光，而不是以一個滿腹牢騷的員工的眼光去看她的辦公室時，她就可以看出這四種策略如何使這艘船運作。

摩根的觀察

距離：一個同事寄了一封與壞消息有關的電子郵件給我，即便我們當天已就這件事討論過三次。

衝突：我的團隊中有兩個人拒絕對一份簡報的提案妥協。

過度運作：我替一個煩人的下屬打了一通電話，而不是讓他們自己去打。哎喲！

三角關係：人們抱怨ＩＴ部門的鮑伯動作太慢，他們本來可以和他一起報到的。

摩根可以看到，當人們應該接洽、聆聽、讓別人學習的時候，辦公室卻到處有人在逃避、爭吵或欺凌他人。她開始意識到喬安娜的缺點不是問題，它們只是焦慮的、不完美的工作環境的症狀。摩根同時意識到，她自己也容易有不成熟的表現，尤其是當她槓上喬安娜時。

除非你是老闆，否則你無法控制和你的工作有關的焦慮度。但好消息是，你可以提高你的區別水平，增強你對壓力的免疫力。那麼，如何做到呢？來，跟著我唸：觀察、評估、阻斷。

太空人的視角

摩根可以看到她如何焦慮地工作，但簡訊事件已永久改變她對老闆保持客觀的能力。喬安娜每次發電子郵件給她，開會時跟她意見不合，或要求會見她時，摩根的大腦就會尖叫：「**妳肯定要被炒魷魚了！**」她痛苦掙扎，想區別她的思維與情緒。

你會以為這種怕被解雇的高度恐懼會使摩根振作起來，提早上班，並以百分之百的精準度執行她的工作。但恰恰相反，有時候她只能勉強按時上班，她也發現自己在員工會議上為了反對而與人爭吵。摩根無法專心執行她的專案——如果她的老闆討厭她，她專心工作又有何用？

恐懼雖然是一種激勵因素，卻很少把我們變成最好的自己。摩根在工作上的行動越來越受到她的情緒影響，她的思維迫切需要重新接管一切。我請摩根思考幾分鐘，然後告訴我一個外部的觀察家會怎麼描述焦慮如何影響她的行動。

「我的焦慮說我會被開除，然後我就會表現出好像那是真的，」她說，「所以，如果大勢已去，努力也沒有用。」

以焦慮的觀點採取行動，通常意味著你依賴不正確的資訊。如果你可以把鏡頭拉遠，然後描述這個關係體系中所發生的事，那麼你就可以更客觀。我稱之為「以太空人的視角」，因為從太空上看，我們的問題似乎泰半都可以解決。

⑪ 讓我們來練習！

情境：你的老闆在電話中對你有點不耐煩。

地面視角：他討厭我，我得把履歷找出來重新修改一下了！

太空人的視角：我的老闆是個有時也會焦慮的人。

情境：你的主管邀請其他同事外出午餐，但沒有邀請你。

地面視角：我不敢相信那些怪物去吃玉米餅竟然沒叫我。

太空人的視角：我的感覺遲鈍，因為我現在在三角關係之外。

情境：你的老闆對你的專案工作進行微管理。

地面視角：這個女人為什麼不去找個嗜好！

太空人的視角：有些人壓力大時會過度運作，它不是針對個人。

摩根以太空人的視角看到自己是一個有點神經質但正派的員工，她讓她的焦慮阻礙她作出更好的表現。她不是辦公室的賤民，喬安娜也並沒有打算開除她，如果她早就有這個意思，那麼那通尷尬的簡訊不就是個充分的理由？她們的衝突不是一場史詩般的鬥爭，它只是焦慮的工作體系的另一個跡象。喬安娜也許會繼續對她起反應，但摩根絕對有能力以更成熟的態度回應。當她的心靈視角拉到辦公室上方往下看時，摩根可以看到客觀的價值。

指導或崇拜？

如同一位優秀的太空人，摩根持續觀察她的焦慮如何影響她在工作上的一舉一動。她觀察到她如何利用距離來管理她與喬安娜之間的緊張關係：她發送電子郵件以避免與喬安娜當面對談；她向大老闆詢問她應該直接詢問喬安娜的問題。摩根知道她必須弭合自己與喬安娜之間的距離，因為如果她不能更深入了解喬安娜的想法，她的苦澀感和怕被開除的恐懼將永遠無法解除。但摩根對於增強溝通的想法，並沒有感到很興奮。

「當我接受這份工作時，我以為她會是我的職業生涯導師，」她抱怨說，「但她很少鼓勵我或稱讚我的表現不錯。」

當我們討論她與權威人士的接觸史時，摩根看到她如何依賴教授、教練和老闆的稱讚來獲得她的自我價值感。如果她沒有得到積極的稱讚，她會以為她做錯了什麼。當她有一個稱讚她的老闆時，她的表現會很出色；當她沒有時，她會變得煩躁不安，然後迅速棄船而逃。她可以看出這種模式一再重複出現，如果不予以干預，她會害自己被解雇，或者最終自己賭氣辭職。但她的銀行存款都不容許這兩種情況發生。

有職涯導師是件很好的事，但過度依賴他們的稱讚，會使我們無法建立更強的自我感。外在的讚美只會暫時使偽自我膨脹，當你的主管不稱讚你時，你可能會發現自己變得焦慮或憤懣。摩根意識到喬安娜可能永遠不會是她的啦啦隊長，但她發現這份工作仍然值得做，她不想放棄。我們討論，如果她不把她的老闆看成一台販賣讚美的自動販賣機，而是一個同樣也喜歡這份工作的合作的人，那會是什麼情況。

我的客戶經常告訴我，他們在尋找一位工作上的指導老師，但他們真正的意思其實是：

「我要一個把我看成神童般崇拜我的人。」或者，如果他們是一個正在尋找徒弟的主管，他們要一個會崇拜他們的「迷你我」。但這種關係是建立在情緒上，不是建立在理念上。真正的師徒關係是心靈的契合，不是感覺的契合，而且它能承受的，比一場橫掃而過的歧見風暴多更多。

建立在情緒上的師徒關係

- 是高低起伏不定的雲霄飛車。
- 使你依賴讚美。
- 使你無法評估自己。
- 使你無法忍受意見不同。
- 可能因衝突而結束。

建立在理念上的師徒關係

- 降低焦慮。
- 專注於目標。
- 不受局外人威脅。

- 協助你評估自己。
- 意見不同也能存在。

摩根暫時放下她對讚美的渴望，開始與喬安娜進行更多對談。但她沒有嘗試取悅她的老闆或激怒她，她只是分享自己的想法，並試著聆聽喬安娜的想法。透過將注意力焦點從喬安娜身上轉回到她自己身上後，摩根發現她突然開始期待她們的對談。她也許永遠不會從喬安娜那裡感受到她與她的大學教授們相處時的喜悅，但她知道當她們意見不同，或喬安娜給了她挑戰性的回饋時，她不會有煩躁不安或恐懼的感覺。

摩根同時開始注意到她的老闆似乎也冷靜下來了。喬安娜減少在三更半夜發電子郵件給摩根，改而當面給她回饋，並仔細聆聽摩根的想法。這進一步向摩根證明，當她成為她想成為的那個人時，每個人的焦慮都會減輕一點。她也許不是老闆，但她肯定是辦公室內最冷靜的人。

你的問題

觀察

- 焦慮如何影響我與老闆或主管的關係？
- 我用四種策略中的哪一種來管理工作上的壓力？
- 我曾經太依賴老闆或導師對我的稱讚嗎？

評估

- 更成熟的我在工作上會如何運作？
- 哪些原則可以使我在工作上對我的上級保持冷靜？
- 我需要在哪些工作領域把鏡頭拉遠，採用太空人的視角？

阻斷

- 當我想對我的老闆貼上問題標籤時，我如何才能專注於自己？
- 我如何才能記住觀察我在工作上的焦慮模式？

● 我認為和我的老闆建立更成熟關係的第一步是什麼？

你的練習

我們大多數人的師徒關係，憑感覺的比基於理念的多更多。當你的籃球教練將他們的注意力焦點轉向一個新秀時，也許你會嫉妒；當你最喜愛的老闆休育嬰假時，也許你會失去所有動力。思考一下你現在生活中的導師，或你想擁有的導師，花一點時間寫下你如何使這個關係成為心靈的交會，而不是情緒的交會。當你和他們意見不同時，你需要更誠實嗎？你在徵求他們的意見之前，應該先寫出你自己的想法嗎？你需要開始表現得像個成年人，而不是像一隻三個星期沒有得到主人寵愛的黃金獵犬嗎？你以更成熟的態度和導師建立關係，你就越有可能喜歡它。

第十三章

拖延與生產力

如果我們努力工作，不睡覺，並推卸生活中的所有其他責任，那麼沒有什麼是我們不能做的。

——萊斯利．諾普，電視劇《公園與遊憩》（*Parks and Recreation*）

瑪莎的新年新決心是開始接受治療，但她一直到四月才出現，而她在辯解時開始談她的截稿日期帶來的麻煩。瑪莎在一個著名網站擔任遠距工作流行文化記者，入行五年後，她不再有自己正飛向成功事業的感覺，被逼著日益平庸的感覺多了更多。

瑪莎最大的挑戰是拖延。她對工作漸漸感到乏味，而且她會遲遲不修改文章或出去專訪。她會一直拖延，直到她說服自己相信她已沒有足夠的時間寫出一篇精采的文章。這使她產生焦慮，焦慮又進一步助長拖延。她經常要求延期交稿，使得過去對她很大方的編輯越來越沮喪。

瑪莎的大腦像個汽車警報器，如果她沒有及時把憂慮關掉，它就會啟動下一步瘋狂的哀號。它會問：「如果妳不能寫，那妳還算是作家嗎？」超有幫助的。

為什麼我們拖延不會危及生命的任務？你會認為，在大學裡經歷過幾次凌晨五點提交論文後，我們已學會在邊緣討生活不是那麼容易。我不知道其他國家怎麼樣，但美國人同時具備拖延與執著生產力的能力著實可笑。

更無濟於事的是，人類不善於評估完成一項任務需要用掉我們多少時間。心理學家丹尼爾・卡納曼（Daniel Kahneman）與阿莫斯・特沃斯基（Amos Tversky）將這種情況稱為「規劃謬論」（planning fallacy）。我們認為我們不會有任何困難，我們拖延展開行動，這種樂觀主義為我們帶來麻煩。如果問一個人完成一項任務的最晚日期是哪一天，他們很可能不會在那個日期之前完成。

但瑪莎的問題不在於樂觀主義，和大多數人類的挑戰一樣，它源自於她的人際關係。

拖延是人際關係問題

除非你是一個脫離電腦和網路生活的末日準備者，否則你的工作就是離不開人際關係。因此，拖延往往是個人際關係問題。如果以為一個問題或症狀可以獨立存在於關係系統之外，那就是忽視了人類存在的意義。從你對你的同事、你的家人及更廣大的世界的反應方式，就可以看出你最終將如何焦慮地拖延計畫。我們不去觀察我們如何在我們與他人的關係中運作，而是將我們的生產力問題標記為人格缺陷，這使我們感到羞愧並陷入困境。

瑪莎自然也把她的拖延視為個性上的缺點。她讀過很多時間管理的書籍，但始終無法將這些理念應用在實際生活上。她相信如果她能使自己在每天清晨五點鐘起床，或放棄她的真人秀成癮，她就會釋放出大量生產的超級英雄力量。但這種轉變似乎從未發生。

瑪莎忙著為自己感到羞愧，以致看不到大局。她需要用太空人的視角，將鏡頭拉開，從高處看自己，觀察她的拖延不是一場個人的獨奏，還有其他人在編輯、閱讀、回應她的作品。由於她在家工作，所以她很容易忘記這個遊戲中另有其他人存在。

我鼓勵瑪莎將她的拖延視為人際關係問題，當她為工作而焦慮時，她要先列出住在她腦中的所有人物。她為她不知道編輯允許她延期交稿時會有什麼想法而感到憂慮，因為從電子郵件無法衡量他們的反應；她想讓她新認識的女孩留下深刻印象；她不想讓她可愛的祖母失望，因為祖母家的牆壁上貼滿她多年以來的署名文章。如果要她說出實話，她還想在她從未謀面的**推特**粉絲面前看起來十分風光。

透過專注他人的反應，瑪莎等於邀請所有觀眾看她所寫的初稿。這就像在卡內基音樂廳的視聽室聆聽大提琴演奏曲，但你並沒有在現場演奏一樣，難怪她的大腦會關機，拒絕工作。

我們的人際關係影響我們的生產力水平的方式有很多，以下只是少數幾個例子。

人際關係中的焦慮可能導致：

- 擔心人們會如何回應你的作品。
- 當別人為你做事時你就開始懈怠。
- 疏遠那些期待你有良好表現的人。
- 假裝你比真正的自己更有能力。
- 專注於得到認可，而不是發揚理念。

情緒比較不成熟，或比較沒有區別的人，往往在工作上更專注於他人。包溫博士指出，區別水平低的人對讚美或批評的反應會更強烈，他們會用盡所有精力使自己看起來光鮮亮麗，以致沒有多餘的精力把事情做好。

區別水平較低的人也傾向拖延，因為他們經常想像他們讓別人失望。如果你想像朋友會生你的氣，你也許會遲遲不回他們的電話；如果你想像你的老闆會不耐煩，你可能會謊稱你很快就能完成計畫；如果你想像你的祖母會失望，你也許會忘記你過去一直都能完成同樣的任務並獲得巨大的成功。瑪莎的想像力已接管一切，並做以上的工作。

你如何減少關注別人是否對你失望？你可能會嘗試逃避他們，但這個方法很少奏效。如果不相信，不妨想一想，你花了多少時間試圖在社群媒體上使陌生人留下深刻印象，或證明一個已故的親戚是錯的，或擊敗中學時期班上那些總是勝過你的剋星？你不和某人交談並不表示你和他們沒有關係，而且，與人保持距離只會讓你有更多的想像空間去描繪一幅負面的圖像。

因此，瑪莎必須**接近**存在於她腦子裡的那些人——她的編輯、她的新朋友，以及她的祖母——而不是疏遠他們。她明白，如果因為她能給人留下深刻印象而使這些關係繼續維持或結束，她會一輩子焦慮地拖延下去。所以瑪莎開始逐步接近他們：她主動和她的編輯談更大的構想和他們的生活、她誠實地告訴女友她的拖延問題與她對職業的恐懼、她為自己打算放棄職業組織家庭的決定而去詢問奶奶的意見。由於逐漸接近他們，瑪莎開始看到圍繞在她身邊的是一群人，而不只是一些粉絲或評論家。那種感覺真好。

為好奇心安排時間

雖然乍看之下似乎有點可怕，但從長遠來看，與重要的人更密切接觸可以大大減少你的焦慮。你越是減少關注他們的反應，就會有更多的精力去追求你的目標。那麼，如果不關注別人，你應該把注意力集中在什麼地方？

瑪莎一心一意讓人們留下深刻的印象，以致忘記她當初為什麼會成為記者。由於缺少那份指引她的熱情，她變得更關注其他人的想法（或她想像中的他們的想法）。而且由於工作一直落後，她開始否決能使她增加工作效率的樂趣。「在完成這篇文章之前，妳不能對任何事產生興趣！」她告誡自己。你可以想像這樣做的效果如何。

人們很容易忘記，做事的第一步就是要對這件事感興趣。身為治療師，如果我對客戶面臨的挑戰沒有好奇心，我就無法幫助他們。好奇心是生產力的重要成分，但我們的焦慮會在每一個轉折上阻撓它。我們的焦慮希望我們直接跳過去開始動手做以便解決問題。這是我們的焦慮的工作——快速反應使事情平靜下來。但我們的挑戰是要以更緩慢、更周到的策略去壓制我們的自動反應。

瑪莎可以看出，如果她每個星期不為好奇心留出空間，她會有一個乏味與壓力沉重的職業。她花時間寫下一些如何對她的工作保持好奇心的想法。

瑪莎想如何保持好奇心

- 通勤時收聽播客節目。
- 午餐休息時間去博物館參觀展覽。
- 安排時間和喜歡談論大創意的朋友見面。
- 參加在當地書店舉辦的作家座談會。

- 持續觀察讓她感到焦慮的人際關係。

起初，瑪莎懷疑她是否應該尋找樂趣，這樣做不是會更拖延她的寫作嗎？她如何區分保持好奇心和懶散二者的差別？為了解決這個問題，她決定每週給自己分配定量的時間為大腦充電。這段時間是神聖的，只能用來再生能量，不能用來產生內容。

經過了一段時間之後，瑪莎開始把思考列為優先事項，和「做」她的工作一樣重要。她為好奇心預留空間後，仍有許多時間努力工作。

本週怪獸

瑪莎已經開始將注意力從其他人身上移開，並找時間開始動腦，但她仍然必須坐下來撰寫文章與報導，並經常發現過去那些惡魔仍在一旁虎視眈眈。瑪莎知道她有能力寫一篇七百字的文章，解說哪一個著名的克里斯是有史以來最偉大的人，但由於某種原因，當她面對一張空白頁時，她對自己完全失去信心。

瑪莎檢視她的恐懼，發現她的焦慮總是轉向一個長期焦點。這個焦慮不是在問她：「萬一妳選錯了克里斯呢？萬一是克里斯．漢姆斯沃斯，而不是克里斯．伊凡斯呢？」她的焦慮問的是這樣的問題：「妳想要成功會不會為時已晚？」或「萬一妳被淘汰呢？也許未來二十年內，機器人就能取代妳做這個工作。」或者像她最近常常想的：「妳瞧，這裡有個人比妳小五歲，但成就是妳的十倍！」

把事情做好不是長期問題，它是短期的、一個接一個完成任務的問題。作家安・拉莫特（Anne Lamott）在她的著作《寫作課：一隻鳥接著一隻鳥寫就對了》（*Bird by Bird*）中說，她如何在她的書桌上擺一張小畫，提醒她對一個大故事中的小細節保持專注。瑪莎需要一個相似的策略，將注意力集中在短期任務上。瑪莎是一位流行文化專家，因此我將她的困境和電視上常出現的一句話「本週怪獸」（Monster of the Week）作比較。在許多科幻小說或奇幻影片中，當一個壞蛋或怪獸在一部戲的結尾被擊敗後，通常會有幾個星期的補白時間。並不是節目中的每一個劇集都講述龐大的故事，但劇中的角色總是持續發展下去，一個怪獸接著一個怪獸出現。我請瑪莎思考一下，如果把她對職業生涯的想法暫時放在一邊，只專注她的每週怪獸，那會是什麼情況？修改一篇文章或完成一組採訪，或向她的編輯提出一點新的構想，這些都是需要她關注的任務，更大的疑問則可以等待。

你不必以關注大局的方式去關注你的職業生涯的每一天，如果你是個演員，每天早上起床後一邊凝視薇拉・戴維斯（Viola Davis）的照片一邊吃 Cheerios 穀片，保證你會焦慮和疲憊。花點時間將你的目標寫下來十分重要，但這不會有任何進展。如果你一直在關注，你會知道更有效的方法是一些可以引導你的原則，而不是那些你無法控制的結果。目標告訴你為什麼你要工作，但原則告訴你該如何接近每一天和每一個怪獸。

所以，每個星期一，瑪莎挑選一隻必須在這個週末以前殺死的怪獸。她必須優先解決那個最討厭、最煩人的任務。如果她的焦慮試圖以某種世界末日的職業場景或耀眼的長期目標來讓她分心，她就停下來，做個深呼吸，然後問自己，下一步要如何解決這個怪獸，結果她發現，她一個接一個地擊敗它們了。

如果你曾經看過電視影集《X檔案》，你會知道有一些最精采的劇集和那些本週怪獸有關。瑪莎發現她的工作也是如此，她感覺她的寫作技巧在過去看似平庸的文章中變得更犀利，或者當她處理一個令人生畏的主題時，她會為一個新的構想而感到興奮。巨大的成功給人的感覺很好，但每個星期做你需要做的事，那種感覺也很棒。所以，殺死那些每週怪獸，為你自己感到驕傲吧！

你的問題

觀察

- 我最想讓我生命中的哪些人留下深刻印象？

- 工作上的焦慮如何使我無法保持好奇心？
- 對長期目標的憂慮會在什麼時候使我從每週的任務中分散注意力？

評估

- 拖延對我來說是一個人際關係問題嗎？
- 過一種更有好奇心的生活對我來說會是什麼情況？
- 什麼原則可以引導我完成我的每週任務？

阻斷

- 我可以做什麼小改變來減輕拖延引發的焦慮？
- 這個月我如何為好奇心預留空間？
- 這個星期我想專心擊敗什麼怪獸？

你的練習

如果你正在跟拖延搏鬥，這很可能是你的焦慮希望你讓其他人對你留下深刻印象，並盡快達成目標。那麼，你如何才能阻斷你的焦慮，反其道而行？你如何才能減少依賴他人的讚美？你如何才能為好奇心騰出時間，並保持穩定的步伐去摧毀怪獸？將本章重新閱讀一遍，然後寫下幾個你對於如何減少對生產力的焦慮的想法。

第十四章

轉換職業

啊，我已經將它縮小為兩種可能：是與否。

——基迪・安納戈尼，電視劇《良善之地》（*The Good Place*）

安東尼夢想有一天能少賺一點錢，而他是認真的。令人眼花撩亂的律師生活正逐漸耗損這位三十一歲的律師的精力，他不想幹了，但他還得償還法學院的學生貸款，他的妻子是一名社會工作者，而他們的兩歲大兒子光是日托費就需要花掉更多錢。安東尼的生活依據計費工時運轉，他討厭週末加班和一次又一次延後家庭假期。

如果不能享受，賺那麼多錢有什麼用？公司的資深同事鼓勵他，再做個幾年，他就會有更多的時間，甚至更多錢。再做幾年？他都不知道他是否能撐到這個星期五。

安東尼來接受治療時解釋，他真正的夢想是辭去他的工作，重回研究所，然後成為一個藝術治療師。有一天深夜他為失眠所苦，看了一部有關非洲兒童的紀錄片，這些孩子的父母因為染上愛滋病而去世，但他們學會透過藝術和說故事從創傷中療癒。當螢幕上的字幕在滾動時，安東尼上網搜尋當地的治療計畫。第二天早餐時，安東尼一邊看著他的兒子把燕麥粥送進他自己的鼻子，一邊告訴妻子他的計畫。妻子的回應溫和但堅定，他們不可能轉換職業。安東尼有點不悅，只好把計畫放在腦後，但這個念頭並沒有消失。

蓋洛普民意調查稱千禧世代為「跳槽世代」，因為他們一年更換工作的可能性比他們之前任何一代多出三倍。他們被指責為不敬業，但這也許是因為他們只想做一些有價值的事。可是，如何知道跳槽是正確的，或是分心？你只是在抓癢，還是你的鬍子冒出來了，抑或是你準備要開始播客了？

焦慮可以阻止你跳槽，也可以在你未準備好之前就把你推出機艙外。在猜測你的降落傘是什麼顏色之前，最好先想一想你有沒有降落傘。

❞ 幻想與現實

轉換職業大部分起因於天真的白日夢。二〇一七年發布的一項報告指出，百分之三十九的英國千禧世代在作職業選擇時，受到電視節目的影響。虛構的榜樣炫麗而多彩，他們可以為年輕人提供有力的代表，但也可以導致失望。美國華府地區有一半人是為了效法《白宮風雲》（*The West Wing*）而來，但結果卻是《副人之仁》（*Veep*）的情節。我想知道，有多少外科住院醫師發現他們的性生活不像《實習醫生》（*Grey's Anatomy*）中的角色那麼多彩多姿後深感憤怒？

虛構的職業以引人入勝的劇情和優美的電影配樂牽動我們的情緒，但幻想曲不會顯示所有的文書工作、枯燥的會議，或研究院的學生貸款。選擇職業不是一個不牽涉到情緒的決定，但是當它是一個完全基於情緒而作的抉擇時，更大的可能性是依賴幻想而不是現實。安東尼受到紀錄片的啟發而向現實靠近一步，但是當我問他對藝術治療工作有多少了解時，他承認他沒有作過太多研究。他有夢想，但他沒有事實。

安東尼的幻想讓他感到興奮，但他又擔心這是個糟糕的決定，這個潛在的噩夢使他繼續留在律師事務所。他需要暫時排除所有情緒，看剩下的是什麼事實。我給他治療作業，請他寫下如果轉換職業，他的幻想情境和他的噩夢情境是什麼。以下是他所寫的：

安東尼的幻想：每天早晨我跳下床，換上休閒服，開車去一間寬敞明亮、有無限藝術用品的工作室。我和一群缺乏社會服務、舉止禮貌的青少年一起工作。我用幾個回合的戲劇治療或拼貼製作解決所有問題。我每天離開工作室時心情都很愉快，回到家後正好趕上協助我的兒子做家庭作業。

安東尼的噩夢：我被困在一個搖搖欲墜的非營利組織的小房間內，裡面除了一盒破碎的蠟筆和大量的文書工作外別無其他。我的工作缺乏效率，我所有的時間都花在通勤上，因為我必須把我家搬到一個小地方，我們的預算才能支持我的白日夢。

真有意思，一個大腦竟然可以焦慮地思考兩種截然不同的結果。當安東尼看著這些寫在紙上的情境時，他猜想他做為藝術治療師的經驗會介於一個穿藍色牛仔褲的彌賽亞，和一個被病例檔案活埋的人之間。但他可以利用這些情境來釐清作決定的過程。他需要過濾他的夢想和恐懼，看篩選出來的是什麼價值。以下是他認為突出的價值：

安東尼的價值

- 工作愉快。
- 和客戶相處的時間多於處理文書工作。
- 有屬於自己的空間去發揮創意。
- 與一個資源豐富的組織共事。
- 除了工作時間之外，還有時間和孩子共處。

現在事情逐漸變得真實了，安東尼已列出他認為可以實現且合理的目標清單。一旦釐清他的價值，他的夢想就不會粉碎。他只要在幻想與噩夢之間進行調整，找出他真正關心的東西。現在他只需要好好想一想，藝術治療這個職業是否能帶給他他想要的東西。

全有或全無的陷阱

當你準備作人生中的巨大改變時，很容易失去耐心。不耐煩加上焦慮，你可能會不假思索地行動。你可能會因為決定吃更健康的食物而扔掉冰箱內的所有東西；或者你想做紐約人的打扮，於是捐出你衣櫥內所有不是黑色的東西。但是，一旦過了星期五，你只想穿紫色的衣服並從容器內挖出冰淇淋來吃。

安東尼越是幻想他的創意生活就越坐立難安，他擔心如果他不展開行動，他就會失去動力，依舊被困在律師事務所。

你聽過著名的「棉花糖測試」（Marshmallow Test）嗎？心理學家給一群兒童一個選擇：他們可以馬上吃一個棉花糖，或者等待十五分鐘後得到兩個棉花糖。安東尼正面對相似的挑戰。如果他辭去工作，向銀行抵押貸款，並請他的妻子多承擔一些責任，他或許可以在幾個月之內展開他想要的藝術治療計畫。但衝動地攫取新的生活，他會錯過什麼樂趣？

安東尼需要阻斷他的焦慮，用足夠的時間去思考對自己有利的計畫。他必須看出他的焦慮用來誘惑他迅速採取行動的謊言，一旦確認這個謊言，他必須更深入探討，使他的思維更客觀。他的焦慮喜歡告訴他，如果他不快速行動，他很快就會變老而無法轉行。「這太荒謬了，」他的思維會回應，「我又不是要成為一個運動員或流行天王。只要我喜歡，任何時候我都可以改變人生方向。」

安東尼開始意識到他的職業不是一種撲克牌遊戲，他不必在放棄或全部跟進之間作選擇。他可以把腳趾探入水中，在不危及未來的情況下嘗試另一種不同的生活。他的焦慮會討厭這種策略，但它不得不面對。

你的焦慮還會告訴你什麼常見的謊言，希望你不假思索地行動或停在一個地方不動？當它企圖嚇唬你時，你如何保持客觀？

讓我們來練習！

焦慮：你會一直待在這裡，直到四周的建築物倒塌。

思維：當我確認它是正確與明智的決定時，我可以作策略性的跳躍。

焦慮：永遠有更翠綠的青草地。你真笨，竟以為你會更快樂！

思維：我有能力評估此時什麼對我最好。

焦慮：繼續借學生貸款吧，直到你死的那一天！拿去，政府！

思維：對財務不負責任最終只會使我更焦慮。

焦慮：你是個半途而廢的人，一直都是！還記得那個雙簧管課程嗎？

思維：好吧，說真的，焦慮？這世上有六個像這樣焦慮的職業雙簧管音樂家。

明智的跳躍

安東尼一邊壓抑他的焦慮，一邊重複檢查一些數據。他查看他的銀行帳目，他檢查藝術治療工作的可行性與平均薪資的統計數字，他與妻子討論各種不同的策略，但似乎都無法想出一個計畫，讓重大的職業轉變使他們可以快樂又有償債能力。

安東尼開始質疑轉行是否會使他感到快樂，或只是一個暫時緩解生活壓力的方法。小時候，他曾目睹他的父親在人際關係與精心策劃的賺錢計畫間往來奔波，但是耀眼的新嘗試似乎總是帶來失望。安東尼希望他的兒子有一個追求熱情，但同時履行承諾並且支持家庭的父親。最後，他重視他的傳承更勝於進入研究所從事另一種轉變。

幾個月之後，安東尼發現自己又重新檢視那張他從幻想與噩夢篩選出來的價值觀清單，說不定仍然有辦法為他的創意和他的家庭找到一些空間。和妻子商量之後，他去找他的老闆，問他是否可以在每一季減少一點工作時間。他驚訝地發現，這果然是個選項。

就我所知，安東尼始終沒有成為一個藝術治療師，但他開始在他的教會辦的一項藝術計畫當志工，並且安排全家度假計畫。這些喜悅平息了他的焦慮心態，他又再度開始享受當一個律師。他作了一個小小的但明智的跳躍，沒有炸毀他的生活。

明智的跳躍

- 花點時間定義你的價值觀與原則。
- 了解遵循這些原則會有不同的結果。
- 作任何決定之前先盡力管理你的焦慮。
- 了解明智的改變需要時間，並願意接受它所帶來的不舒服。
- 了解人們對你的決定將會有焦慮的反應。

如果你正在考慮轉換職業，你的情況可能與安東尼的不一樣。也許你的確需要作巨大的改變，轉移你的注意力，或花幾年時間去讀研究所。這和你選擇什麼沒有太大關係，重要的是誰在作這個選擇，是你的焦慮在尋找快速的方法以避免壓力？或者這是你經過深思熟慮後所作的決定？為生命的價值創造空間的方法不止一種，有些人很幸運在工作中找到它，有些人則足夠成熟，可以跳出舊有的框架思考。

你的問題

觀察

- 壓力曾經使我幻想轉換職業嗎？
- 焦慮曾經誘使我迅速作出職業決策嗎？
- 焦慮曾經使我被一個我不喜歡的工作所困而無法動彈嗎？

評估

- 我的職業幻想與噩夢能告訴我真正的價值是什麼嗎？
- 我在作重大決策時，如何練習管理我的焦慮？
- 當我在作重大的職業決定時，我想記住什麼智慧？

阻斷

- 我如何在生活中為我的職業價值騰出更多空間？
- 我如何才能辨識和我的職業有關的焦慮的思維模式？

● 什麼即將作的決定可以讓我練習制定一個更成熟的計畫？

你的練習

你會感到好奇，想知道你的幻想與噩夢中的工作場景可能透露出什麼價值嗎？花幾分鐘，將它們一一寫在紙上，把純粹的幻想與噩夢從可以實現的價值中區分開來。思考一下，你如何才能從目前的生活得到這些價值，以及哪一個價值可能需要更長期的改變。也許你無法今天就辭去你的工作，但你可以開始過一種能體現你真正重視的價值的生活。

第十五章

成為領導者

”所以，要像這已是你的第二次生命那樣生活，並且要像你第一次生命的所作所為和你現在要採取的行動一樣錯誤。

——維克多・弗蘭克（Viktor Frankl），《活出意義來》（*Man's Search for Meaning*）

潔妮爾有個問題，那就是她的工作表現太好。她是個三十五歲的社會工作者，被提升為一所婦女庇護所的臨床主任。前兩位主任都沒能做滿六個月，但她喜歡這項挑戰。潔妮爾是家中五個兄弟姐妹中的老大，習慣於在混亂情況中越挫越勇。

上任第一週，她完全採取老闆模式：她安排時間與員工一對一溝通以改善他們的檔案管理技能；她突然出現在與客戶約談的現場，確保員工都符合他們的要求；她規劃管理培訓，增強被員工忽略的道德標準。潔妮爾幻想她扮演一個管理有方的船長，但現實的感覺卻像兵變。員工開會遲到，對她的建議似乎都無動於衷。而且她百分之百相信，這些以前的同事現在都在休息室一起說她的壞話。

你會認為像潔妮爾這樣的高成就者是個天生的領導者，他們靠長時間工作、學習新技能而提前達成目標獲得成功，但是，對領導力的考驗有一個可以破壞任何成就的變數，那就是：其他人。當你被任命掌管其他人員時，你就進入一個拒絕被馴服的複雜的關係體系。它也許不是「權力的遊戲」，但你會遭遇其他人的反抗與焦慮。如果你是個新的領導者，這會是一個令人畏懼或憤怒的情況。

潔妮爾知道她身為繼任者的威風戰略沒有轉化為傑出的領導力，她渴望成功的焦慮使她獲得晉升，但是當它和員工的焦慮發生碰撞時它失敗了。她需要一個不同的領導策略，而且要快。

過度運作不是領導

潔妮爾是個聰明人，她知道她必須以身作則。她需要培育員工的才能，因為她不可能事事躬親，但這種想法在充滿壓力的日子會消失在窗外，潔妮爾並不習慣沒有做好工作。以人際關係為優先，工作量次之，這對她來說很難做到。她要她的員工將檔案整理好，但即將進行重要的審計工作時，她很自然地會自己動手整理——何必催他們去做他們不太想做的事？她還希望她的員工管理他們自己的工作時間表，但她不斷傳訊息給他們，確保他們的午餐休息時間不會拖太長。

潔妮爾對員工的焦慮關注並沒有激勵他們振作起來，事實上反而使他們的能力降低。她的不斷監控使他們備感壓力，導致工作馬虎。「我該怎麼辦？」她心想，「什麼都不管，隨他們去嗎？」

在治療時，我們談到每當潔妮爾焦慮時就會為其他人過度運作的習慣，這是她在處理她的大家庭問題時的行動策略。潔妮爾十幾歲時她的母親就去世了，這使她成為一家之長。她經常為她的弟妹提出建議、排解糾紛、提供經濟援助。潔妮爾習慣為她的弟妹承擔責任，但在工作上，這只會讓她感到不舒服。為員工操心使她難以專注於自己的責任，她錯過截止日期，所有創意的能量都消失殆盡。

職業倦怠在領導者中是常見的現象，因為他們的責任和其他人的責任界限逐漸模糊。人們之所以成為領導者是因為他們有一定程度的能力，但是當他們從前排位置看到其他人工作缺乏效率或方式不同時，他們會變得焦慮。這就像看著你的奶奶嘗試使用她的新遙控器一樣，讓自己平靜下來的最快方式就是乾脆搶過來，自己接管工作。

你也許是個過度運作的領導者，如果你……

- 焦慮地觀察你的屬下。
- 在某人要求協助之前主動提供協助。
- 難以委派具有挑戰性的任務。
- 難以維持工作與家庭間的限度。
- 在電子郵件中的語氣聽起來過度謙卑。
- 喜歡做其他人的工作更甚於做自己的工作。

如果這聽起來很像你的作風，不要難過。記住，過度運作和運作不足都是互相的，雙方平等參與。潔妮爾的許多員工樂得讓她為他們工作，他們開始表現出能力不足，這更增強她跳進去接管工作的衝動。

潔妮爾發現她的過度運作只是一種暫時減輕焦慮的方法。從長遠來看，她已為自己接下遠超過她能負荷的工作。只要她焦慮地關注她的員工，他們就永遠不會更有效率。她需要學會忍受她的焦慮，這樣每個人才會平靜下來。

學會適應不舒服

過度運作不是潔妮爾在她的新職務中使用的唯一焦慮策略，她發現自己逐漸疏離難纏與容易情緒波動的員工。潔妮爾對其中一個雇員蘇珊特別過敏。蘇珊比她年長至少二十歲，而且在庇護所工作的時間比潔妮爾更久。蘇珊與她們的客戶相處融洽，但她逃避政策，並討厭保存檔案。當潔妮爾在員工會議中開始實施新標準時，蘇珊開始反抗，要嘛低頭玩手機遊戲。

蘇珊使潔妮爾感到焦躁不安，她很怕和她一對一面談，於是她讓蘇珊錯過會議，或她自己找藉口不參加。以前的主管沒有一個能讓蘇珊乖乖合作，她又何必大費周章？潔妮爾寄電子郵件給蘇珊處理她們應該面對面解決的問題、她容忍蘇珊遲交文書作業，或為圖方便而忽視道德規定。潔妮爾的所有精力都用在維持她們的關係平靜無波。

大多數領導者都沒有時間如願地和每個員工會談，但他們不是減少與最能幹的人接觸，而是開始和最焦慮的人保持距離。如你所知，保持距離是使每個人保持冷靜的最佳短期策略，但是當領導者重視暫時休兵勝過建立穩固的關係時，他們只會延長衝突，並放棄團體或組織的使命。當領導者迴避焦慮的人時，他們同時也會不經意地偏愛團體中比較冷靜的人，而這樣可能使焦慮的人更容易情緒波動。

一個成熟的領導者會花最多時間在團體中最焦慮的人身上。這聽起來很糟糕，對吧？但學習在焦慮者的身邊保持冷靜與深思熟慮，唯一的方法就是花時間與他們相處。這不能透過電子郵件，或簡訊，或讓一群人圍繞在你四周作為緩衝，或者透過另一個主管或人力資源代表而形成三角關係（雖然有時可能有此必要）來完成。如果你的焦慮大叫：「快跑！」做為一個領導者，你可能必須學會適應不舒服。

我請潔妮爾評量蘇珊從一到一百之間的焦慮程度，她眼也不眨地立即回答：「隨便算也有八十五。」當她們同在一個房間時，潔妮爾的焦慮也會急速上升到八十五，她會立刻試圖離開，或取悅蘇珊讓她高興。她完全沒有想到要管理自己的焦慮，她可以做個深呼吸，然後與蘇珊輕鬆交談。如果她可以把自己的焦慮程度降到五十，那麼蘇珊或許也會冷靜下來。現在潔妮爾有個計畫，它需要多加練習，但她已給自己一個公平的機會去阻斷她與蘇珊的焦慮對峙。

好的領導者能自我調整

潔妮爾對所有人過度負責並過度關注他們的焦慮，卻忘了她最重要的責任——**她自己**。

自我調整是管理自己的情緒和為自己思考的能力，這是任何有區別的領導者的基本素質。沒有自我調整的能力，你會受群體和所有壓力源的擺布，你會被拉進距離、過度運作等等的自動策略中，喪失由內而外的行動能力。

學習自我調整就是向自己內心轉動。我請潔妮爾寫下幾個她升上主管之後面對的問題，她需要思考專注他人會如何使她陷入困境，以及專注在自己能如何使她脫離困境。以下是她思考的一個例子：

問題：庇護所新公布的進食程序使員工煩躁不安。

專注他人：我嘗試說服每個人，這樣做可以使他們的工作更輕鬆。

專注自我：我花時間對自己釐清這個決定。我向員工傳達這些改變，不去管他們的反應。

潔妮爾可以看出，嘗試討好或說服她的員工是一件不可能的任務，她必須退一步思考，然後傳達訊息。管理群體的情緒不是她的責任。

❞ 讓我們來練習！

讓我們看看，從專注他人轉向專注自我，如何協助你成為一個更冷靜、更有效率的領導者。

問題：你沒有被邀請參加員工們的假日派對。
專注他人：你在**臉書**上追蹤他們，想辦法使他們喜歡你。
專注自我：你邀請大家一起參加你想參加的聚會。

問題：每個人都把低銷售額歸咎於湯姆。
專注他人：你對待湯姆的態度彷彿他是瘟疫的化身。
專注自我：你將鏡頭拉開，看到助長湯姆績效太差這件事你也有部分責任。

問題：你的朋友圈老是議論卡達席安的滑稽行為。
專注他人：你批評他們沒有熱烈討論一些重大問題。

專注自我：你提出你重視的問題，然後隨人們自己如何回應。

問題：你的兄弟姐妹總是在家庭聚會上喝得醉醺醺。

專注他人：你在伏特加酒瓶內注入半瓶水。

專注自我：當他們飲酒時，你保持冷靜，並表明你不與他們辯論。

在工作上、在家中，以及你所到之處，都有領導的機會。專注自我不是假設一切都是你的錯，它是讓你將注意力集中在你可以控制的事物上，並為其他人提供一個遵循的機會，因為你不可能使任何人做他們不想做的事。

潔妮爾開始明白，她永遠無法使她的全體員工滿意她的每一個決定，她也永遠無法說服人們完全按照她的方式做事。但是沒關係，因為她是主管。她需要將她的注意力轉回自己身上，做她自己的老闆，她會是一個更有效率的領導者。她需要指導原則來協助她成為一個她想成為的領導者，而不是一個被焦慮推動的領導者。以下是她所寫的幾個指導原則。

潔妮爾的領導原則

- 我需要保持冷靜，而不是去平息其他每個人。

- 我可以分享我的想法，但我不能使每個人都同意。
- 我需要表現成熟，而不是強迫其他人成熟。
- 我可以接近焦慮的人，而不是迴避他們。
- 我可以退一步，讓人們完成他們自己的工作。

這些想法都很簡單，但實行卻很困難！這些原則可能使潔妮爾在往後的職業生涯中保持忙碌，但至少她知道從哪裡開始了。

「抗拒」萬歲！

每個領導者都會面對來自群體的抗拒，你不得不傳達可能不受歡迎的想法或決策，你甚至可能面臨公然反抗。這就是為什麼專注自己如此重要。如果你一直依賴群體的讚美、認可或同意（即「偽自我助推器」）來引導你，那麼你將盡一切所能使你不至於喪失這個支持。這可能意味著犧牲你自己的原則，以及你為群體或組織所作的最佳考量。但是，如果你花時間發展自己的想法，那麼，當你面對阻力時，你會比較容易固守你的原則。

領導者如果生活在面對阻力的恐懼中，會對來自群體的每一個皺眉與竊竊私語十分敏感。他們會把精力浪費在解讀其他人的想法，而不是溝通自己的想法。但是，如果你能接受抗拒的必然性，並了解這是關係系統的緣故，你就比較不會有激烈的反應。你甚至能將抗拒視為努力使自己成為一個更有區別的領導人的契機。這是你傳達你的想法的機會，同時又有足夠的彈性去聆聽其他人的想法，而不是採取防衛的態度。

潔妮爾害怕阻力，但她對自己被焦慮牽著鼻子走感到厭煩。她花了一些時間制定她的領導原則，她確認她願意為她的員工做什麼和不願意做什麼，然後，下一次她再為庇護所推出一套新的工作程序時，她等待阻力。果然，她的員工開始抱怨。潔妮爾迅速壓制這些聲浪。「我很樂意聽到或讀到你們的任何建議，但不是現在。請你們把詳細意見用電子郵件寄給我，或安排時間和我面對面談。」她說，「但是，從明天開始這就是新的程序，你們有責任在需要協助時提出請求，否則我會假設你們都有能力實施。」

潔妮爾沒有神奇地成為一個不再期待被人喜歡的刀槍不入的女強人，她依然和任何人一樣，是個渴望得到認可與和諧的人。但她開始學習，當這些渴望和她的原則衝突時，她如何將它們擱在一旁。她也許會有不安全感，但她開始更相信她的想法，而不是相信她的焦慮。

我希望潔妮爾找到其他方法，盡力在她的家庭與其他生活領域中成為一個更有區別的領導者。無論你是老闆或實習生、女家長或家中最年輕的弟妹，你都有機會努力提升自己，成為房間內最冷靜的人，並擺脱一些支配我們許多人際關係的焦慮力量。

你的問題

觀察

- 當我是領導者時，我會為其他人過度承擔責任嗎？
- 我曾經迴避我負責管理的焦慮或難纏的下屬嗎？
- 什麼時候我因為渴望被人喜歡而阻礙我成為一個好的領導者？

評估

- 做為一個領導者，我的行動和我對領導力的理念有何矛盾之處？
- 我如何學習成為一個更能自我調整的領導者？
- 我希望以什麼原則來引導我擔任領導角色？

阻斷

- 目前是否有任何過度運作或運作不足的模式是我想阻斷的？
- 我有哪些即將到來的機會去測試我的領導原則？
- 我如何在每個星期騰出空間優先處理我自己的焦慮？

你的練習

你在你生活中的哪些領域看出你有領導者的潛力？你不必當老闆也可以成為影響其他人冷靜或成熟的榜樣。挑選一個你想增強領導的生活領域，誠實面對你如何嘗試控制他人而不是控制你自己。你會為一個做事慢吞吞的同事過度運作嗎？你會長篇大論訓斥你的弟妹，要他們振作起來嗎？你在一群老是吵架的朋友當中經常扮演和事佬嗎？研擬一項計畫，詳細說明你要如何退一步、冷靜下來，以領導者的身分重返這些人際關係。忍受一點焦慮並激勵人們為他們自己多承擔一些責任，將會是什麼情況？

讓我們複習〈第三篇〉！

這個部分談的是管理你工作上的焦慮，以下是主要的理念：

1. **了解你的工作是一個關係體系。**和任何人類族群一樣，同事之間也不斷地在互相反應。你能將鏡頭拉開，以另一種視角去辨識這些焦慮管理策略，你就不會責怪你自己、你的老闆，或其他任何人。
2. **辨識影響你的自動反應。**除非你花大量時間去觀察你的運作方式，否則你無法阻斷你在工作上的焦慮。也許你正在為那些能力較差的同事而過度運作，或者也許你正在和那些難纏的人保持距離。
3. **以管理你自己的情緒和思維來自我調整。**我們在嘗試平息事情的時候，通常會要求別人改變他們的行為，但一個更有區別的人會專注於對自己負責。他們練習管理他們的焦慮，並且先確認自己的思維，然後才與其他人溝通。
4. **願意忍受暫時的焦慮以獲得長期平靜。**阻斷你的自動運作需要忍受大量的不舒服。更有區別的人知道，當他們按照自己的原則做事時，難免會有一些焦慮。

5. **持續專注你最好的思維，不去博取他人的認可。**只要是人都渴望獲得認可與讚美，尤其是他們的職業生涯。焦慮較少的人被他們的好奇心激勵，不會渴望老闆或員工對他留下深刻的印象。當他們面對阻力時，他們會堅持自己的信念，同時又有足夠的彈性保持開放的心胸，接納其他人的想法。

第四篇

你的焦慮的世界

第十六章 智慧手機與社群媒體

當我們發布自己時，我們也許是放棄自己。

——雪莉・特克（Sherry Turkle），《在一起孤獨》（*Alone Together*）

克蕾兒正度過她最美好的生活，或者，至少這是她在社群媒體上講述的故事。這是她的大學四年級春季學期，她的 **Instagram** 描述：主修國際事務的她準備向世界進軍。她在**推特**上有數千名追蹤者喜愛她對全球事件的看法，她在大城市中多彩多姿的生活使她家鄉的**臉書**朋友目眩神迷，而她不斷以快照廣播的大學四年級生活則充滿有品味的聚會和堅固的友誼。

但在幕後，時鐘滴答作響。畢業後的計畫，或者沒有計畫，使每個人處於焦慮邊緣，其中也包括克蕾兒。她的室友又開始為兩年前已解決的打掃工作而發生爭論、她的父母懷疑他們是否撒了大筆學費結果卻一無所獲、她喜歡的一個男生令人猜不透。所有這些擔憂，加上期中考失利，為克蕾兒帶來嚴重的恐慌發作。

當克蕾兒來接受治療時，我注意到她手上緊緊抓著她的手機：她正在等待教授的回音，看她是否能做什麼補救來增加她的分數；她的母親打電話給她，看她是否沒事；她的室友打開 WhatsApp，進行打掃廁所的談判；她的手機播放其他所有人的想法，卻使克蕾兒很難找到她自己的想法。

這麼小的盒子竟然帶來如此的便利與噩夢，真有意思。智慧手機的計算能力比帶我們登陸月球的電腦能力大上幾百萬倍，但它最惱人的特點是，它能在任何時刻將我們的焦慮傳輸給其他人。心理學家競相定義我們和手機適應不良的關係，以便他們可以對人們進行診斷。他們發明「手機成癮」或「網路成癮」這類術語來定義我們對手機螢幕的依賴，然而如果我們對手機螢幕的依賴只是一個更大進程中的症狀之一呢？當我們把焦點放在科技上，而不是在它應該專注的地方——我們自己——時，我們會錯失什麼？

辨識你的自動反應

我們都喜歡怪罪手機帶來這個日益焦慮的時代，但為什麼不？你肯定比那個使用貼著膠帶的翻蓋手機的老爺爺更焦慮。但我打賭你一直在關注，而且你也記得，當我們陷入因果關係思維時，我們會錯過大局。我們最終會專注在症狀上，而不是導致症狀產生的系統。

你的手機是真正的緊張關係中的一個無辜旁觀者，它只是使我們更容易做打從天亮後我們就一直在做的事——盡力使事情平息下來。試想：五百年前，如果你想遠離其他人，你必須收拾行囊離開你的村莊；如果你想在半夜三更抱怨你的配偶，你必須去叫醒鄰居。現在我們有傳送應用程式保護我們，使我們無須和其他人互動，我們也有群組聊天，所以我們可以坐在橫跨大西洋的班機上對我們的朋友訴苦。科技使我們更容易做我們已經在做的事，它使我們的自動行為更加自動。

為了進一步了解克蕾兒的自動運作方式，我請她告訴我當她感到苦悶時，她如何利用她的手機。一號急救人員通常是她的母親，當她對學業或未來感到不安時，她立即發簡訊給她的母親。如果哪一個特定室友擾亂和平，她通常會發訊息給其他室友，讓他們加入她的憤怒。克蕾兒還意識到，當她嫉妒那些已經有畢業後的計畫的朋友時，她會傾向不回覆他們的訊息。這裡有運作不足、三角關係與距離的具體實例，而這些都是克蕾兒可以透過她的手機使用的自動焦慮管理策略。

克蕾兒不需要將她的手機扔進垃圾桶，它還有用途，因為她的手機會記錄她的行為。她不必依賴她的記憶去猜測她焦慮時會採取什麼行動，只要看她的通訊紀錄就知道了。

你的手機是焦慮資料的寶庫。既然觀察是冷靜下來的第一步，檢查你的手機紀錄就是開始冷靜的一個好方法。當今，認識自己更像是「了解你發訊息的習慣」，因為這種資料不會騙人！如果你不確定要檢查什麼，我可以給你幾個焦慮的手機行為模式。你曾經做過這些事嗎？

你是否曾經：

- 不理會使你情緒波動的訊息？
- 透過簡訊取笑某人？
- 當你缺乏安全感時，請求他人保證讓你放心？
- 問某人一個你自己可以輕易上網搜尋的問題？
- 與人交談時一邊查看應用程式，顯得有點茫然？
- 尚未與某人對談之前就先發出一通憤怒的訊息？
- 不時查看某個你不喜歡的人的社群媒體？
- 選一個公開論戰的在線網站？

我有受到人身攻擊的感覺，不是嗎？這張清單顯示，當我們拿起我們的手機時，我們有很多展現成熟的機會。你不必等待機會降臨，事實上你每一次接到訊息或覺得很想發訊息時，你就有機會。

當克蕾兒滑動手機檢查通訊紀錄時，她發現一些看似隨機與無害的通訊都是可以使她成為一個更冷靜、更深思熟慮的人的機會。她在向母親尋求安慰之前，可以試著讓自己先冷靜下來。她可以解決個別室友的問題，不必聯合其他室友來形成三角關係。她可以接近她羨慕的人，為自己所面臨的挑戰向他們虛心求教。她猜想，如果她越成為這個成熟版本的自己，她就越不會為一些日常問題而焦慮。

社群媒體和偽自我

克蕾兒持續觀察自己的行為，發現她多麼焦慮地關注她的社群媒體。她會統計她在**推特**上得到的每一個追蹤者和**臉書**上的每一個讚。她知道每一個讀過她在 **Instagram** 上精心撰寫的故事的朋友，但從不回覆他們。她花這麼多精力說服每一個人她與他們在一起，以致沒有多餘的精力**真的跟他們在一起**。她想說服每一個人——包括她自己——她比她想像得更成功。她非常在意建立她事實上不在乎的感覺。這實在太累了。

社群媒體已成為克蕾兒平息焦慮的另一個途徑。如果她對她的未來感到恐慌，她會在 **Snapchat** 上發布一則她參加過的深度座談會的動態短片。如果她有一團糟的感覺，她就會查看她討厭的人在**推特**上發布的訊息，並診斷他們的精神官能症狀。如果她擔心新認識的男生不是真的喜歡她，她就會在她的 **Instagram** 上發布她和其他男生的合照。這個策略果然奏效！

她非常滿意——但大概足足只有五分鐘。然後高潮退去，她又需要從頭來過。

我已經談過很多有關偽自我如何使我們看起來比真實的我們更有能力或能力不足，而社群媒體就是你的偽自我在早餐時吃的東西。當你有固定的觀眾時，你幾乎無法抗拒向別人借用信心的誘惑，尤其是在你焦慮時。我經常告訴客戶，**臉書**的「讚」是自信的「漢堡王」——當你過馬路就能吃到「漢堡王」的雙層華堡時，又何必在一天忙了十二個小時之後費力煮一頓美味健康的晚餐？我們知道我們值得擁有更好的，但這委實也太容易得到了。

每當你想利用社群媒體來誇大自己或貶低自己時，它就是一個讓你向世界多展現一點你的堅實自我的機會。讓我們來看看，將偽自我的習慣翻轉為更有原則的回應是什麼情況。

讓我們來練習！

偽自我：從三萬六千張自拍照中挑出一張你認為合適的。

堅實的自我：允許你的朋友張貼你平凡的舊照。

偽自我：從健身房發送一張快照給你的朋友，順便附上一段自我調侃的話。

堅實的自我：對你的健康目標和如何達成目標誠實以對。

偽自我：偷看仇外的吉姆叔叔在**臉書**上的貼文，並自我感覺良好。

堅實的自我：透過自我教育和自我反省來挑戰自己的偏見。

偽自我：在**推特**上與陌生人爭論最近的政治新聞。

堅實的自我：花時間收集事實，並決定你要如何以一個公民的立場回應。

這些堅實的自我的例子只是一些建議，也許為你的 **Instagram** 拍一張高顏質的美照對你而言真的很重要，因為你正在推廣你的業務，或者你只是很重視這美好的一天。它僅僅反映對你而言什麼是真正重要的，或者只是一種冷靜下來的快速方法。

克蕾兒可以看出她的社群媒體習慣如何提供快速但短暫的平靜，它更容易使她覺得她比**臉書**上的某些人聰明。當人們為她在 **Instagram** 上的評論喝采時，她覺得很美。當她在**推特**上直播校園事件時，她相信她早已有光明的未來。但讓自己聽任網路的擺布，她同時也使自己變得脆弱。如果人們沒有以她想要的方式回應，或者，當她無意中在網路上發現一個比她更出色的人時，她會覺得自己愚蠢、醜陋，和世界末日降臨。

克蕾兒厭倦了這種偽自我的情緒雲霄飛車，她想要一種比社群媒體的回饋更好的方法來評估她自己。她需要坐下來定義她的成功應該像什麼。

「成熟的 Snapchat 用戶」是矛盾語嗎？

網路不也是一個巨大的反應沼澤區嗎？如果它會使每個人都無聊到打瞌睡或不追蹤你，表現成熟又有什麼意義？我們生活在一個重視即時性與戲劇性的社會中，最有反應的聲音通常最受重視。但是，請思考這個問題，如果有人要求你在網路上展現最成熟的你，你會表現什麼？也許不是你針對「比薩屋」的劣質服務所發的憤怒推文，或你和你的朋友在群組上大罵女星葛妮絲．派特羅的訊息。

這類網路的過激反應，通常是人們在感到疲憊或羞愧時便移除他們的社群媒體應用程式的原因。最快的解決方法是切斷關係，再也不看。如果你是一個出家人或渡輪船長，這一招也許管用，但對於大多數人，我們的職業與人際關係需要某種網路存在，而數位生活確實也有一些積極面。研究人員發現，當我們透過互動而建立人與人之間更強大的聯繫（而不是潛伏在社群媒體上偷看陌生人的檔案資料）時，使用社群媒體能增進我們的福祉。

你的網路生活是一個成熟的機會。你還記得本書〈第一篇〉中，我們談到區別有兩個部分：管理焦慮，同時與他人保持聯繫。畢竟，如果你不能在身邊有人的情況下保持冷靜，那麼冷靜又有何用？所以，在移除所有這些應用程式之前，先想一想，你可能放棄哪些連結的機會。

我鼓勵克蕾兒問她自己，如果不屈服於她的偽自我的習慣，努力和那些對她而言很重要的人增強聯繫，那會是什麼情況？她如何才能在與人們建立關係的同時，又對她自己負責？以下是她為自己列出的幾個原則：

克蕾兒的技術原則

- 發訊息給某人博取安慰之前，先讓自己冷靜下來。
- 我可以問人們在忙什麼，而不是潛伏在社群媒體上偷看他們的行動。
- 我會試著騰出空間來思考，不會心不在焉地查看應用程式。
- 我會分享我的想法，不會試圖說服網路上粗魯的陌生人。

克蕾兒朝向區別邁出的第一步，是嘗試開始發訊息給讓她感到嫉妒或憤怒的人。為了消除她的信念——她認為每個人的生活就是他們在網路上發布的生活——她需要接近他們。於是，她發一通賀電給一位以第一志願進入醫學院的高中同學，但她驚訝地發現，這位同學坦承他不確定自己想成為一名醫生。記住人類的複雜性無法在一個 Instagram 帳戶中總結，對你來說會很有幫助。

你也許會希望我告訴你，在我們短暫的合作時間內，克蕾兒成為一個二十二歲的驚人成熟女性，不再依賴收發訊息博取安慰，也不再統計網路上按讚與追蹤她的人數。但我很懷疑事實是這樣。我當然不是那個使她轉焦慮為成熟的人，而且我懷疑沒有人能使她成為這樣的人，但我相信，嘗到真正連結的滋味後會使人想要更多。而且，變得對自己更負責一點的感覺真的太美妙了！隨著新的小工具出現和新的社群媒體平台紛紛爆發，我們都將面臨成為一個擅長科技的自我的挑戰。希望我們能保持好奇心，在數位環境中找到自己成熟的一隅。

你的問題

觀察

- 我如何利用我的手機管理我的焦慮？
- 什麼時候我會使用社群媒體來減輕我的不安全感？
- 什麼時候我的焦慮會導致不成熟的網路運作？

評估

- 什麼原則能幫助我以更成熟的方式使用我的智慧手機？

- 我如何在使用社群媒體時減少「偽自我」？
- 開始與人連結，而不是潛伏在社群媒體上，那會是什麼情況？

阻斷

- 當我很想利用我的手機來管理焦慮時，我如何才能冷靜下來？
- 我的生活中有什麼人際關係，可以從我更有意識地使用手機而獲得利益？
- 這個月使用社群媒體時，我如何才能保持深思熟慮與成熟？

你的練習

你放在長褲口袋內的那個小型電腦，是一個記錄你的焦慮和你如何管理焦慮的數據金礦。拿出你的手機，滑動它，查看你上個月收發的訊息、貼文和廣告文宣。當你感到憤怒、恐懼或缺乏安全感時，你說了些什麼？你用什麼關係系統使自己冷靜或更有自信感？寫下你的觀察結果，思考一下，這種快速傳遞訊息的方式如何阻止你對自己承擔更多責任？然後，寫下一些引導你在啟動自動反應之前試著回應你的焦慮的想法或原則。

第十七章

政治與宗教

全球暖化？對不起，先生，那是科學家說的，就是宣稱我的祖父是猴子那一群人，但如果那是真的，為什麼他會被猴子殺死？

——肯尼斯．帕塞爾（Kenneth Parcell），《超級製作人》（*30 Rock*）影集

克里斯欽不再那麼確信他是基督徒了。由於他的名字「克里斯欽」和「基督徒」（Christian）同音，再加上他的家庭的緣故，讓他感到很不方便。克里斯欽很焦慮，因為他被邀請去南韓參加他堂弟的婚禮。家中每個人都會去，包括他那愛惹是生非的哥哥戴夫。就克里斯欽的記憶所及，戴夫和他們的父母一直合不來，戴夫十多歲時起就不再和他們一起去教會，並且宣稱他是無神論者。父母要求他讀大學經濟系，他偏選讀社會系；克里斯欽的移民父母十分愛國，戴夫卻愛大聲抱怨軍事工業複合體（military industrial complex）。他們的每一次交談都像一場戰鬥。

二〇一六年，美國總統大選使克里斯欽家中的緊張氣氛升高，戴夫不敢相信克里斯欽仍然和支持川普的父母交談——他們毫不掩飾他們對戴夫的心靈狀態感到憂心。「他為什麼不能更像一個基督徒？」他的母親大聲問。克里斯欽會看當時誰在房間內，有時他會同情哥哥，有時他會做個順從的兒子。他同意他哥哥對政治的看法，但是當他的父母為他們的浪子禱告時，他又會閉上嘴巴。

幾千年來，政治與宗教一直是引發焦慮的棘手話題，但近幾年內，許多家庭和其他關係體系的緊張局勢已變得令人難以忍受。有些人變得很激進，和任何與他們意見不合的人斷絕往來，或者遇到任何機會便挑釁衝突。但是對於許多人，這種緊張就像一盞巨大的聚光燈，照亮了他們用來取悅心愛的人的矛盾的偽自我。當輸贏關係重大時，改變話題似乎是不負責任的行為，假裝沒有意見實際上等同危險意見。由於社會焦慮需要有原則的回應，所以它需要我們的堅實自我和我們最好的考量。你必須願意向你所愛的人定義你自己，即使它會讓你感到不舒服。

婚期逐漸逼近，克里斯欽明白他不可能在婚禮上耍他的偽自我花招，因為戴夫會期待他和自己站在同一陣線，開耶穌基督的玩笑，並且和他一起跟他們的父親辯論。另一方面，克里斯欽的父母會希望他離戴夫遠一點。他需要幾罐啤酒來熬過這場婚禮，但他的父母甚至不知道他會喝酒。他必須想清楚他真正想做的是哪一種人，而且要快。

專注過程，而不是內容

隨著婚禮逐漸逼近，克里斯欽在心中擬出幾個他必須避免和親戚交談的話題，諸如「你去哪裡的教堂做禮拜？」或「你想什麼時候結婚？」，這些問題都是他必須小心翼翼避開的地雷。他幾乎可以想像到南韓的親戚問他二〇一六年的總統大選問題，結果引發他的父親和戴夫爆發激烈的爭論。

在每一種關係體系中，有些話題一向都會引發鬧劇，這種焦慮的記憶足以使任何人產生壓力。大部分時候，我們會一時衝動，完全迴避這些話題。如同你在〈第五章〉中所了解的，引發衝突的不是這些話題的內容，而是我們不能以成熟的態度談論它們。太多的情緒你來我往，往往使我們又回到管理它們的自動模式。

平息這種反應性的最佳方法是，將你的焦點從話題本身移開，轉為觀察情緒歷程——也就是提升到房間的上方，用太空人的視角去觀察它。這聽起來也許很無聊，但觀察一群人如何管理焦慮是一場有趣的尋寶遊戲。婚禮、葬禮和假期這些活動都是很好的機會，因為有許多人聚在一起，所以大家會比平時更焦慮。以下是人們回應焦慮對談的常見方式，你是否在家族聚會中看到其中任何一種行為？你自己是否也參與其中？

情緒尋寶遊戲（每一題各得五分！）

- 改變話題。
- 扮演惡魔的擁護者，持反對態度。
- 與人辯論，以贏得勝利。
- 同意某人的看法，使事情平息下來。
- 試圖扮演和事佬。
- 躲在房間角落議論是非。
- 對所有人發表高論，談如何成熟。
- 完全不露面。

這些行為都是在試圖管理房間內的反應。進行情緒尋寶遊戲不是為了取笑你的家人，它是為了協助你不要給某人貼上「問題人物」標籤，了解每個人都在參與這場焦慮舞會。這種理解能徹底改變你如何回應一個焦慮的場面。這種情緒過程有點像宇宙的黑洞——你知道它存在，因為你可以觀察到它的效應，但為了真正看見它，你必須站遠一點，否則你會被吸進去，回到你一向慣用的舊行為。

我鼓勵克里斯欽，當一個話題引發焦慮時，他應該觀察其他人的行為和他自己的行為。透過這個情緒尋寶遊戲，克里斯欽可以作好心理準備，不會為他家人的反應感到太驚訝。他的思維會超越責怪戴夫或他的父母引發緊張，這樣做可以給他自己一些空間，問自己：「我在這一切當中扮演什麼角色？」

搖擺舞

當你開始思考對話的過程，而不是思考對話的內容時，你會更容易注意到其他人的焦慮行為。但是，看出你自己在焦慮的辯論中所扮演的角色會困難得多。你可以問自己的最能幫助你的問題也許是：「我在這場舞會中擔任什麼角色？」請注意，這和問：「我錯在哪裡？」不一樣，因為每個人都參與這個過程，每個人都扮演一個角色，每個人都有一種焦慮的回應，因為沒有人能百分之百擺脫他們自己的反應。是的，即使是耶穌基督也會掀桌子。

克里斯欽一直關注他的哥哥和他的父母如何搞砸家庭聚會，卻始終沒有想到他可能是這個焦慮運作下的共犯。他一直認為自己是個無辜的旁觀者，但他介入的程度也許比他能意識到的更多。

當我問到他的自動運作方式時，克里斯欽解釋，他的策略是當下同意某個人的看法，使房間內的氣氛平息下來。他越回想就越意識到他打從出生後便一直採用這種運作方式。小時候，他曾目睹他的父母和戴夫之間的情緒對峙，最明智的策略就是支持在房間內的那個人。不幸的是，這種行為已變成他的自動反應，以致他開始相信他在當下那一刻同意的事。他想讓他的父母高興，所以他去上主日學校；他真心喜歡他的哥哥，所以他相信戴夫對政治與世界大事的看法。但經過二十五年之後，克里斯欽已經不太確定他究竟相信什麼了。

我們都沒有意識到，我們在許多方面都很像克里斯欽。由於人際關係的壓力，你採納或放棄了多少想法與信念。你的宗教信仰、政治立場、對性的感受、音樂品味，以及最喜愛的運動團隊，可能都受你對人際關係的感覺的影響。讓我來舉幾個例子：

- 你家中的每一個人都讀長春藤聯盟大學，所以你也渴望被錄取。
- 你的母親是超級虔誠的天主教徒，所以你始終相信瑪利亞是處女懷胎。
- 你的父親討厭洋基隊，所以你也去他媽的洋基隊。
- 你的摯友認為《驚爆點》（*Point Break*）是一部電影傑作，所以你也這樣認為。
- 美國的共和黨參議員泰德・克魯茲喜歡吃德州起司，所以你認為德州起司很噁心。
- 你多愁善感的前男友喜愛強納森・法蘭岑（Jonathan Franzen）的小說，所以你認為一般人對他的評價過高。

我們對一段關係的感覺會影響我們的思維，這是自然的，但有一天你也許會清醒，懷疑你是否太早放棄你對德州起司的愛好。那麼，你如何知道你真正的想法？很簡單，去學學蜜蜂。

讓我來解釋清楚。當一個蜂巢過度擁擠時，一部分蜜蜂就必須出去找一個新家。牠們會派出所有的偵察蜂去偵察一些可能的房地產，而當一隻偵察蜂探險回來時，牠會搖動牠的屁股，牠會以舞蹈動作來傳達新地點的距離與方向。這種「搖擺舞」越激烈，就越顯示牠認為這個潛在的新家十分理想。由於蜜蜂是講求民主的昆蟲，牠們會持續擺動身軀，直到所有蜜蜂對這個新的蜂巢地點完全達成共識。這聽起來很公平，對吧？但其中另有玄機：一隻蜜蜂不會因為牠最要好的蜜蜂朋友搖屁股，牠就也投票贊成新地點。牠會被牠的舞蹈吸引，然後親自去探查那個地點。由於牠不相信任何蜜蜂，所以牠必須親自去看！

然而，人類不像蜜蜂。我們比較懶，比較可能相信我們所愛的人是完全對的，而我們鄙視的人必定錯得離譜。這正是為什麼我們最終會有有線電視新聞網出現。

克里斯欽以為他比他的哥哥更成熟，但也許不然。他始終相信家庭成員的搖擺舞，卻沒有考慮到他自己的想法。但他開始看到他和戴夫都對他們的父母起焦慮的反應，而他們的反叛與辯護立場是一個銅板的兩面。包溫博士在他的著作中寫道，一個因為家庭關係緊張而拒絕接受家庭信念的人，和一個不經過檢驗就接納家庭信念的人沒有兩樣。兩種立場都是由焦慮的思維驅動，不是由原則驅動的。

也許你會想，採納別人的信念有什麼錯？我們都會問朋友某部電影是否好看，我們沒有時間去徹底研究當地每一個校董會候選人的背景，你不必成為神學家也能從宗教中得到一些東西。但是，當人們不花時間發展自己的思維時，一個家庭、一個社區，甚至一個國家會有什麼集體損失？

在群體中自我思考是件很困難的事，尤其是處於高度焦慮時。大部分時候你最終只好屈服於人際關係的壓力和群體斷絕往來，或者將你所有的精力都用來強迫其他人改變。但如果你只是花一點時間去定義你的信念，然後像一隻聰明的小蜜蜂那樣，以舞蹈來表現呢？

可是，如果對談讓你感到不安全？

我們和蜜蜂有一個很大的差異，那就是我們的工作不是去說服蜂巢內的每一個人都同意我們的信念。一個同性戀少年不需要去說服企圖把他送去矯正治療的祖父母。一個有色人種不需要去教育每一個白人，他們知道體制性的種族主義。人人為自己負責，他們得決定他們要在什麼時候分享他們的信念和如何分享。他們可以確定，什麼是他們的責任和什麼不是他們的責任，而且優先考慮你自己的安全與福祉通常是個重大的責任。

這是焦慮棘手的地方——有時焦慮是一個信號，顯示你應該將犁頭繼續往前推，把自己放在一個不舒服的境地，但有時它又不是，最終還是要靠你自己決定。對情緒激烈的話題堅守原則的人，更有機會確認什麼是定義自己的機會，以及在什麼情況下最好是保護自己。

這是克里斯欽所面臨的挑戰。他知道當他為了哥哥與父母爭辯時，有時他的父母會在口頭上攻擊他。雖然他們從不威脅克里斯欽或對他大吼大叫，但他知道如果他一直都與他們唱反調，仍然會有這個可能性。我們討論到如果他覺得不安全，他是否可以掛電話或離家？因為有時定義你自己意味著傳達你不容許的事，以及什麼時候你得收拾行李離開。

既然認為退出是個不錯的想法，克里斯欽就可以坐下來，進一步定義一旦日後與家人進行挑戰性對話時，他藉以遵循的原則。

克里斯欽的原則

- 我會花時間發展我自己的信念，並將它們寫下來。
- 我會分享我的想法，而不是試圖去贏得爭論。
- 我預料分享我的想法可能會使一些人感到焦慮。
- 如果我認為情況已變得不安全，我會離開。
- 我會持續了解我周遭的世界。

確認你相信什麼

克里斯欽持續思考他為了維持家庭和樂而採取的信念。他明白，他需要花一些時間認真思考他真正相信什麼。這也許需要一輩子的時間，但他或許可以在婚禮以前多了解一點。

除非你是一個聯合廣播電台主持人，或是一個剛度過大學第一個學期的十八歲青年，否則你不確定你所相信的一切。你必須花點時間去適應這種不確定性。你也必須坐下來，想清楚你所相信的和不相信的。我就是這樣鼓勵克里斯欽，在他可以更了解別人對他的想法之前，他必須先了解他自己。

克里斯欽坐下來，起初他對他必須解決的所有問題感到不知所措。他真的相信耶穌基督復活嗎？戴夫會因為是個冷嘲熱諷的無神論者而當真下地獄嗎？戴夫所說的是對的，他的父母是壞人，因為他們投票支持共和黨人？他沉浸在神學的深水域中，但最後終於有一些想法開始浮出水面。於是他將這些想法寫下來，然後開始思考。

終於到了舉行婚禮那個星期，克里斯欽有十八個小時的飛行時間，他對於他的家人即將與他降落在同一座城市感到十分焦慮，但他已準備好思考焦慮的過程而不是焦慮的內容，並專注他在所有鬧劇中所扮演的角色。

你認為這個故事會有什麼結局？克里斯欽會不會在婚禮接待會上站上桌子，舉起他的啤酒，信心十足地大聲說：「你知道，我開始認為也許上帝沒有在七天內創造世界！」讀者們，他沒有。

但克里斯欽的確在關注他的家人如何運作：他發現戴夫並沒有像他父母所說的那樣言行激烈；當他的父母避免與親戚討論二〇一六年大選時，他觀察到他們的自我懷疑；他甚至對一位很想談論佛教的叔公表示他對佛教有興趣；當一個表弟問他會不會在教堂舉行婚禮時，克里斯欽老實告訴他：「我不知道，但我正在努力了解中。」

我們生活在一個期待我們知道自己相信什麼，並且肯定它的社會中，但發展你自己的信念，然後對他人定義你的信念，這是一件永無休止的工作。社會永遠有焦慮，所以我們最好對我們的所思所想保持好奇，這樣才不至於感到筋疲力竭或絕望。當我們能保持好奇心，並超越我們的自動運作時，我們才能成為社區的有利資源。

如果你在開始跳搖擺舞之前先花點時間好好思考，人們會注意到。他們也許不同意你，但你的成熟會使他們更自由地思考他們自己，而不只是激烈反應。蜜蜂似乎早已明白這一點，但我們人類還得加緊努力。

你的問題

觀察

- 在艱難的對談中，我如何表現出焦慮？
- 在艱難的對談中，我的家人如何管理焦慮？
- 我曾經因為人際關係的壓力而採取或放棄某種信念嗎？

評估

- 焦慮如何使我無法進一步定義我的信念？
- 以更成熟的態度進行艱難的對話可能是什麼情況？
- 我如何避免不經過思考就接受別人的「搖擺舞」？

阻斷

- 我如何才能坐下來寫出我的信念？
- 什麼想法或問題需要我作更多的研究與自我教育？

- 什麼即將發生的事件可以考驗我與他人分享我的想法？

你的練習

現在該坐下來寫出你相信什麼了。花一個下午或幾個午餐休息時間，開始釐清你的想法。你可以選擇一個特定主題，譬如：醫療保健、下一生、或玉米糖是健康的還是美味的。你也可以自由發揮，在每個句子開頭寫「我認為……」，然後寫出你的想法。寫完之後，看看你所寫的內容，這些信念中哪些是由情緒決定的，哪些是根據你自己的價值觀與思維而形成的？遵循你的家族或其他制度的傳統並沒有錯，但要確定那是你經過思考後所作的選擇，而不是你的焦慮反應。

第十八章

漫長的遊戲

你已承襲一生的苦難。每個人都承襲苦難。接下它，好好利用，當你已確知正確的方法後盡力而為。

——莫瑞・包溫（Murray Bowen）

我一直是個焦慮的人。可以這麼說，小時候，我和世界沒有基於現實的關係。睡覺前，如果我的父母沒有對我說他們愛我，那麼他們肯定會死。如果我從我的床鋪左側跳上床，那我肯定會死。如果我把我的老虎填充玩具放在排氣口上面，那麼它一定會爆炸，並且把屋子燒掉。我的小小孩腦袋看到的是一個搖搖欲墜、在自燃邊緣的世界。

除了這些想像的威脅之外，我還有真實的體驗，證實我具備為最壞的情況作準備的本能。我很擔心我父親的酗酒問題會使我的父母離異。十九歲那年，我的母親被診斷出癌症，三個星期之後她就因心臟病突發去世。我的大腦學會災難可能在任何時刻降臨，於是我的表現就彷彿這是真的，即使我的雷達上沒有「焦慮」這兩個字也無濟於事。

從外表上看，我似乎沒有那麼焦慮。我在學校的表現出色，我的偽自我囫圇吞下我的老師和家人對我的讚美。除了我愛小題大作的災難習性之外，我是個快樂的孩子，因為我似乎是最優秀的。但後來我上了大學，不再是那個上台演說的畢業生代表，接著我母親去世，我再也得不到她的認可。你能猜想發生了什麼事嗎？我那短暫的高度成就頓時停滯下來，我變得沮喪與焦慮，開始質疑我的職業生涯、我的信念，和我的能力。

當你深陷自尊的泥淖中時，你必須找到新的策略來管理自己的焦慮。和大多數人一樣，我找到一些很可怕的自我平靜方式：我瘋狂購物，我輟學，我也許還看太多「Cheers」交友軟體，但我始終對我的焦慮運作感到好奇。我之所以成為治療師，是因為我想了解人們如何從他們在生活中處理過的卡片當中，挑選出一張不一樣的卡片，我想知道人們如何建立一個比世界給予他們的更堅實的自我感。

我很幸運，能和包溫博士的理念，以及使這個理論發揚光大的傑出人士產生連結。這並不容易，因為現代人都希望盡快減輕症狀，那麼，你能想到什麼比改變進程緩慢又困難，並且需要和你的家人大量接觸的方法更缺乏吸引力的點子嗎？但我相信有！

我不會假裝我是這個世界，或甚至一部電梯內最有區別的人，但我想在本書最後分享一點包溫理論為我的生命帶來的轉變，同時給你一點空間去思考：一輩子的觀察、評估與阻斷你的焦慮運作，能為你自己的故事和世界帶來什麼意義。

減少對其他人的責任

我和我的丈夫結婚時，我們一起寫下了誓言，我們對彼此許下大量的承諾，好比：愛彼此的家人，以及決不讓我們的孩子看《星際大戰前傳三部曲》。但我對我的丈夫許下的最重要誓言是：我會對我自己負責，並且讓他對他自己負責。

你知道，我是個幫手，我的母親是個幫手，我的母親的母親也是個幫手，依此類推。這種幫助他人的心態再加上任何大小壓力，你會成為一個過度運作者，自己安排自己的單身女子週末。如果她依賴這種生活，她不會讓你幫她摺疊洗好的衣服。我的焦慮把我變成一隻友善但煩人的牧羊犬，我在我愛的人身邊轉來轉去，盡我所能使他們去我要他們去的地方。因此，我會成為一名治療師也就不足為奇了。但有趣的是，成為治療師之後，你很快便發現你對人們幾乎沒有什麼影響力，因為每個人都要對他們自己負責。

一個越有區別的人，就越能對他們自己負責；越沒有區別的人，就越對他人負責。我第一次和接受過包溫理論訓練的教練見面時，就對這個理念產生濃厚的興趣。事實上，我的興趣濃厚到回家後立刻對家人長篇大論轉述這些概念。我告訴人們，他們建立太多三角關係，我也建議我的父親停止過度運作。過了一段時間之後，我開始看到回應的巨大諷刺。

最後，我閉上嘴巴，開始觀察我的關係體系內的人如何管理焦慮。我看到我可愛的祖母忙著在每個人的碟子內裝上太多餅乾，不管他們要不要吃；我看到我的朋友們嘗試盡快修補彼此的關係問題；我看到自己在整個治療過程中苦口婆心勸人不要再發訊息給他們的前任男女朋友，結果反而使他們變本加厲。

於是我以冰河移動的緩慢速度逐漸減少對別人負責。狀況好的時候，我可以及時阻止自己為優柔寡斷的朋友決定晚餐計畫；我可以阻止自己幫我的丈夫完成工作問題報告；我甚至可以問客戶他們在想什麼，而不是告訴他們應該怎麼做。但我的焦慮永遠在一旁虎視眈眈，等著我分散注意力，它好趁虛而入。

所以，請你暫且接受我內在的牧羊犬，好嗎？當你讀完這本書時，不要為教導別人而擔心，他們不會有事的，你只管做你自己。因為對你自己更負責，是你能為你愛的人所做的最有利的事。它比一輩子說教更能讓你的家人或你的工作場所平靜下來。而對你自己更負責的最佳方式，是永不停止觀察。觀察你自己，就像你是歷來最吸引人的研究專案那樣。因為，相信我，你是的。

擁抱進步的焦慮

我的女兒出生兩週之後，一些併發症使我又回到醫院住了幾天。離開我應該保護的新生兒是件痛苦的事，因此我徹夜難眠，為我的健康憂心忡忡，而且產後荷爾蒙大量分泌，加上新手媽媽的高度警覺性，你可以想像我的焦慮程度。

入院後的第二天晚上，我忍不住哭了，唯一能讓我平靜下來的是觀賞我可能已看過一千遍的電視劇《辦公室》。當我的手機在黑暗的房間內發光時，我的焦慮企圖說服我：我失敗了。「妳是一個治療師，妳還寫了一本有關平靜的書！為什麼妳不能打起精神？」

當你在處理自己的問題時，很容易專注在症狀上。但如同包溫博士所說，身為人類意味著承襲一輩子的憂悲苦惱，我們無法控制生活中的許多大小事件。你的老闆會告訴你，他們不再需要你了；你最愛的電視節目會被下架；你心愛的人會去世。還有，是的，你會感到焦慮，你的心跳會加速，你會哭泣，甚至還可能嘔吐。

你或許已經注意到，這本書不大談焦慮的症狀，但是沒有焦慮就證明人們改變了嗎？有焦慮就證明他們沒有改變嗎？試想，一個與姐妹失和的女人，當她們再度聯繫的那一刻，她有可能比她們不說話的時候更焦慮。一個十年沒坐過飛機的男人，當他再度登上飛機時，他的心臟會比他坐二十三小時的灰狗巴士旅行時跳得更快。以當下的感覺來衡量你的表現，這是很糟糕的指標，所以，拜託，讓自己喘口氣吧。

當你開始努力對自己更負責時，你不會平靜下來，事實上你會更焦慮。如果你一直在迴避你的老闆，那麼朝他走過去會讓你忐忑不安。如果你一直都在早上叫你的男友起床，那麼讓他自己設定鬧鐘起床會讓你感到不舒服。你需要鼓起勇氣才能停止做你通常在做的事，關閉你的自動駕駛儀，然後問自己：「現在，你要怎麼讓它飛？」包溫博士有一句話形容這種焦慮，他稱它為一種「進步的焦慮」。

所以，如果你開始努力做一個更有區別的人，卻發現你不像黃瓜那麼清涼時，請你不要氣餒。有時候，它會讓你覺得像去牙科診所，或在監理所排隊等候。但如果你有耐心，當你願意忍受進步的焦慮時，有趣的事就會發生。你會開始發現，很多情況都沒什麼大不了，你在被拒絕、意見不合，和不被認可的情況下也能存活，你會看到你的家庭和工作上的壞人比你想像中來得少，你的心會有更多空間去關注對你真正重要的事。

我去住院的當下產生焦慮，但我決定將一個人帶入一個不確定的世界，去愛一個我無法分分秒秒保護的孩子——這就是進步的焦慮。它是伴隨著你即將成為你應該成為的那個人時所產生的焦慮，所以，我們最好給它一個位置。

漫長的遊戲

人們會告訴你，如果你對當今世界沒有反應，你就是漠不關心。然而，這個世界需要更多反應嗎？還是它需要更多人被他們的原則引導，而不是被當下的焦慮引導？努力做個更成熟的人不是一種嗜好，它也不是分散注意力，它是你在這個星球上身為人類的責任。的確，你不會像看到募款一百萬美元或街頭遊行那樣，這麼快就看到它的效果，但「區別」一直都是個漫長的遊戲。它牽涉到了解你是多世代歷史、一部比你個人更龐大的故事中的一部分，要用一生的時間來觀察並阻斷會波及人際關係與社會的自動反應。

但真的可以做到這樣嗎？畢竟，那些可以真正改寫程式的人，就像治療界的哈雷彗星一樣稀有。大多數人走進來，平靜一點，然後在他們作任何大刀闊斧的改變之前又迅速離開了。不過，我想告訴你，最後一個走進我辦公室接受治療的客戶。

這位婦女徹底改變了她的人生。她戒除藥物問題、她建立成熟的人際關係、她的事業持續往前邁進。她正在打造一個與她極為混亂的童年生活完全相反的人生。她的進步和我一點也沒有關係，一切都是她自己努力的結果。

「告訴我秘訣！」我哀求她，「妳都怎麼做？」

她想了一下，然後說：「我想，我只是學習如何冷靜。」

她這句一點也不複雜的話使我忍不住笑出來，也許就是這麼簡單。這位婦女使用藥物讓自己平靜，她利用人際關係和成就，她建立三角關係，與人保持距離，過度運作，奮力過生活，但經過一段時間之後，她學會不需要任何這些策略她也能存活，而且她也不需要從我這裡獲得任何神奇的治療，她只需要緩慢而穩定地學習做自己。她關閉自動反應，自己控制，選擇她想如何回應焦慮，就等於她在選擇自己的命運。我可以想像這將會把她帶到什麼境界。

附錄一

包溫理論定義

- **焦慮**（anxiety）——一個人對真實的或想像的威脅的一種回應。
- **阻斷**（cutting off）——人們以斷絕接觸的方式處理他們關係中的緊張；一種極端的疏遠形式。
- **定義自我**（defining a self）——一個人與重要的他人接觸時，學會自己思考與行動的改變過程。
- **區別**（differentiation）——一個人能在與他人接觸的同時保有自己思考的能力。
- **距離**（distance）——人們透過減少接觸來管理人際關係中的壓力。
- **情緒距離**（emotional distance）——人們以不分享他們對重要主題的想法來管理緊張；他們可以接觸，但仍在情緒上保持距離。
- **情緒過程**（emotional process）——為了管理關係體系中的緊張而產生的關係模式；常見的模式包括距離、三角關係、過度運作/運作不足，以及衝突。

- **過度運作／運作不足**（**over/underfunctioning**）——一種關係模式，在這種模式中，一個人對另一個人承擔更多責任，另一個人則承擔較少責任。
- **偽自我**（**pseudo-self**）——焦慮存在時，可以商量的那部分自我；區別能力較差的人，偽自我水平比較高。
- **堅實的自我**（**solid self**）——在人際關係中不可商量的那部分自我（例如：信念、原則等等）；更有區別的人，堅實的自我水平比較高。
- **三角關係**（**triangle**）——一種由三個人形成的關係體系；其中兩人經常關注或拉進第三者，藉以管理他們之間關係的緊張。

附錄二

我的指導原則

如果你不想讓你的焦慮主導一切，你必須確定你希望在這個世界如何運作。利用以下的空白處，寫下你在人際關係中、工作上，以及更廣大的世界中運作的指導原則。

我的人際關係原則

1.

2.

3.

4.

✓ 我的工作原則

1.

2.

3.

4.

我的處世原則

1.

2.

3.

4.

附錄三

包溫理論資源

美國境內與世界各地都有許多包溫理論附屬中心提供訓練與指導。位於華盛頓特區內的「包溫家庭研究中心」（**Bowen Center for the Study of the Family**），是由包溫博士創建的第一所研究中心。如果你有興趣學習更多與包溫理論相關的知識，並管理人際關係中的焦慮，這是一個很好的資源。它有網站和個別訓練計畫、免費演講，以及其他許多能滿足你胃口的資源。你可以連結 **thebowencenter.org** 的網址深入了解，該中心還可以協助你和你居住地區的治療師與培訓計畫聯繫。

如果你喜歡閱讀更多包溫博士的相關理論，可以造訪我的網站 **kathleensmith.net**，訂閱我所撰寫的有關焦慮的每週通訊。我還建議你閱讀以下任何書籍：

- 珍妮・布朗（**Jenny Brown**）著作：《*Growing Yourself Up: How to Bring Your Best to All of Life's Relationships*》, Wollombi, New South Wales, Australia: Exisle, 2012.

- 羅貝塔・吉爾伯特（Roberta Gilbert）著作：《解決關係焦慮》（*Extraordinary Relationships: A New Way of Thinking About Human Interactions*）, Wollombi, New South Wales, Australia: Exisle, 2012.
- 麥可・柯爾（Michael E. Kerr）著作：《炸彈客，沒有那麼簡單》（*Bowen Theory's Secrets: Revealing the Hidden Life of Families*）, New York: Norton, 2019.

致謝

如果沒有那許多比我更成熟和更不焦慮的人的思想，不會有這本書。

我始終沒有機會親見莫瑞・包溫博士，但我很感激他的理念，以及它們對我的生命的影響。

安・麥克奈特博士（Dr. Anne McKnight）是一位很棒的教練，她從不設法為我運作。包溫中心的教職員工完成罕見的行動，建立了一個讓人們可以提出好的想法並對自己負責的社區。

潔西卡・費勒曼是個耐心的指導者，一路陪著我構思這本書的書名。

蕾妮・塞德里爾是一位優秀的編輯，義不容辭地投身進去，直到這本書的最後一個字。

羅倫・胡梅爾，謝謝妳相信這本書。感謝卡門・圖桑與「瑞文戴爾作家園區」（Rivendell Writers' Colony）給了我開始寫作的完美環境。蘿莉・舒茲・赫姆幫忙看顧我的女兒，以及我的丈夫雅各放棄了許多週末。凱瑟琳・柯特・考利對於讓每個人都理解包溫理論始終熱情不減。「國會山莊聯合循道會」的工作人員與成員，在焦慮的世界中不斷提供同情與成熟的榜樣。安．高爾特、喬安娜．羅琳斯，以及其他許多編輯，讓我寫了包溫理論。我也要感謝包溫思想家，如：麥可．柯爾博士（Dr. Michael Kerr）、羅貝塔．吉爾伯特博士（Dr. Roberta Gilbert），以及珍妮．布朗博士（Dr. Jenny Brown），他們的著作幫助我發展我自己的思維。當然，我還要感謝我的家人，你們在學習自我的迷人樂園中絕不會失敗。

國家圖書館出版品預行編目資料

事情沒有那麼糟 / 凱瑟琳．史密斯博士Kathleen Smith, PhD, LPC 著；林靜華譯.
-- 初版. -- 臺北市：平安文化. 2020.10
面；公分（平安叢書；第0662種）（Upward；113）

ISBN 978-957-9314-71-8（平裝）

1.焦慮 2.情緒管理 3.生活指導

176.527　　　　109013593

平安叢書第0662種
Upward 113

事情沒有那麼糟

作　　者—凱瑟琳．史密斯博士
發 行 人—平雲
出版發行—平安文化有限公司
　　　　台北市敦化北路120巷50號
　　　　電話◎02-27168888
　　　　郵撥帳號◎18420815號
　　　　皇冠出版社(香港)有限公司
　　　　香港銅鑼灣道180號百樂商業中心
　　　　19字樓1903室
　　　　電話◎2529-1778　傳真◎2527-0904
責任編輯—張懿祥
美術設計—季曉彤
著作完成日期—2019年
初版一刷日期—2020年10月
初版二刷日期—2021年10月
法律顧問—王惠光律師

讀者服務傳真專線◎02-27150507
電腦編號◎425113
ISBN◎978-957-9314-71-8
Printed in Taiwan
本書定價◎新台幣380元/港幣127元